太极拳

陈家沟 纯老架

郑永红 著

山西出版传媒集团
山西科学技术出版社

图书在版编目（CIP）数据

陈家沟纯老架太极拳 / 郑永红著. —太原：山西科学技术出版社,2023.8
ISBN 978-7-5377-6212-0

Ⅰ.①陈… Ⅱ.①郑… Ⅲ.①陈式太极拳 – 套路（武术）Ⅳ.①G852.111.9

中国版本图书馆CIP数据核字（2022）第187362号

陈家沟纯老架太极拳
CHENJIAGOU CHUNLAOJIA TAIJIQUAN

出 版 人：阎文凯
著　 者：郑永红
策 划 编 辑：冉宏伟
责 任 编 辑：冉宏伟
封 面 设 计：吕雁军

出 版 发 行：山西出版传媒集团·山西科学技术出版社
　　　　　　地址：太原市建设南路21号　邮编：030012
编辑部电话：0351-4922107
发 行 电 话：0351-4922121
经　　 销：全国新华书店
印　　 刷：山西基因包装印刷科技股份有限公司

开　 本：787mm×960mm　1/16
印　 张：9.75
字　 数：121千字
版　 次：2023年8月第1版
印　 次：2023年8月山西第1次印刷
书　 号：ISBN 978-7-5377-6212-0
定　 价：48.00元

版权所有·翻版必究
如发现印装质量问题，影响阅读，请与我社发行部联系调换。

自　序

在我11岁时，每天早上和晚上都能看到二伯父在院子里摸来摸去。我问他："你在摸什么东西？"他说："这是陈家沟太极拳。"我问："这拳能打人吗？"他说："能，只要练出功夫都能打人，你想练吗？"我说："想！"伯父说："那好,你明天早上就来我这和你中朝哥（二伯父的外甥）一块儿学。"第二天早上我起得很早，天擦亮就来了，看到二伯父早已在练拳了。他对我说："你先看着，等一会儿中朝来了一块学。"抽根烟的工夫，来了一个身高体壮、大约十七八岁的哥哥，二伯父就对我们俩说："你们俩过来，今天开始你们一起学拳，先学几个基本功，贴山靠、贴山肘，还有转脚跟。"然后，二伯父走到墙头开始示范贴山肘、贴山靠。我们俩也学着比划，这就是我第一次学拳。

从那天开始，不论刮风下雨、早上晚上，除了上学我都在学拳。这样持续两年，我感觉力气增加了，饭量变大了，精神头也好了，可能有人说打太极拳不是不让用力吗？怎么会累？其实不然，二伯父说，少年学拳必须猛打猛摔，若基本功不这样练，僵劲难去，只有打拳打到没有劲了，才知道松是个什么感觉。我就这样一直练到初中毕业，自己慢慢找到了松的状态，这样练拳的感觉确实很好。

1984年我考上温县一中，二伯父说功夫是需要有人指点的，让我抽空去陈家沟老舅家再学学。就这样，我便直奔陈家沟去找王泰习拳，他是王雁的侄孙，自小练武，拳法高超。可我连去了几次，表伯父说他上班，时间太少，不如去我表叔朱老虎那儿学，哪儿有不懂的再问他。就这样我又跟了表叔朱老虎习武。

朱老师看见我说："听说你不是学了一套拳吗？来，先打一遍我看看。"我赶紧下场练了一遍之前学的老架一路。朱老师看过点点头说："有功夫！从今天开始我给你正架(捏架)。"从此每逢节假日我都在朱老师家练拳、推手。当时学拳的人很少，只有我和朱老师的弟弟两人，我们经常练拳推手至晚上的十二点后才休息，两年下来把拳架也捏完了，推手也基本学会了。自己感觉浑身上下都是劲，功夫也精进了不少。

到了高三，白天学习文化课，晚上的时间我都自己练拳。有一天晚上练了两遍老架一路后，发现后背很热，随即后脑勺也特别热，好像被别人用开水浇了一下。接着就觉得头晕目眩的，我赶紧双手扶住旁边的大杨树，过了没多会儿，头脑便清醒了一些。听老师讲过，这是中气上来的感觉，等内气充沛还会有更强烈的冲击。

第二次出现这种感觉是在上大学一年级时，有一天晚上学校组织看电影，我不想耽搁练功，就去操场练了三遍太极拳，然后才跟着同学排队去看电影。我记得特别清楚，那天晚上看的是《义警神威》，看到一半的时候，感觉祖窍穴一道金光射出，大脑一片空白，我赶紧闭目养神，调整内气，瞬间觉得全身通透，身上还出了毛毛汗，听师父说这是周天快打通时会出现的情况，我暗下决心一定要加紧练功，早日功成。

大学毕业后参加工作，练习较少。1996年参加了朱老师为期三个月的太极拳高级训练班，重新系统地学习老架一路及其用法和太极推手发放法，对练拳的理解及其应用更上一层楼。随后参加了第四届温县国际太极拳年会，并取得优异成绩。

时间飞逝，日月如梭。转眼到了2000年，朱老师要在县城开太极拳馆，师兄弟都出钱出力前去帮忙，我被聘为拳馆教练，开始了我教授太极拳的职业生涯。

就在这一年我的太极拳水平又上了一层。那是一个冬天的晚上，学员们十点下课都洗洗睡了，而我开始练功，三遍打过感觉浑身热乎乎，身上气流涌动，像蚂蚁咬一样，我赶紧回屋静坐调息，调整呼吸，导引气流，过了大约一个小时，感觉身体通透，浑身舒服，就躺下休息了。可是刚刚睡着又感觉浑身小蚂蚁乱爬，拉开灯看看床上并无一物，心想这是睡不成了，起身继续练拳。两遍拳后，发现正常了，又回到床上休息，很快就睡着了，然而一个小时左右又开始了，还是那种蚂蚁爬咬的感觉，看看表已经五点了，我们拳馆是六点起床，我也不睡了，干脆起来练功。如此三天后，慢慢恢复正常，朱老师说我周天通了，以后可以开始多练劲，多推手，寻找太极拳之真意。

不知不觉，我在拳馆已经4年了，功夫也有了长进，老师说可以出去历练历练，我便从此走上了职业教练生涯，后又经王长泰老伯父和王福礼老舅指点，功夫渐入佳境。

前　言

　　中华武术源远流长，博大精深；南拳北腿，门派繁多。其中河南温县陈家沟太极拳是流行最广泛，影响力最大的拳种之一。相传太极拳始于明代初期，距今已有400多年的历史，在不断地传承发展中，源自河南温县的太极拳已发展为陈氏、杨氏、吴氏、孙氏、武氏等流派，虽源自一门却各具特色。

　　如今太极拳不只在我国发展兴旺，在美国、英国及东南亚各国也广泛流传，实为武林一大幸事。我从11岁开始习太极拳，至今已40余年，虽未深得其髓，却愿尽绵薄之力，将这套纯老架太极拳整理成书，奉献给武林界同道，以求共同学习探讨。在整理成书的过程中，我发现目前市面上对纯老架太极拳的介绍较少，希望此书可以作为其他太极拳流派的参考资料。

　　本书太极拳内容，多源自老师口传身授。我在练拳过程中，先后受到了不同老师的指导，使我了解了太极拳发展的历史，了解了这套拳法是在实战过程中不断积累的经验总结，书中的口授心法及身法口诀部分是历代老师代代相传的习拳心得，是本书的精髓所在。

　　在40余年的练拳过程中，我不断体会、不断总结，特编写此书将纯老架太极拳分享给大家，期望能对研究陈氏太极拳的同道有所帮助。

这套太极拳是陈氏太极拳老架中所存一路，此拳以练内功为主，与现在的多数拳法相比是相对传统的一路。书中对这套纯老架拳的每一个架势的特点和要求都做了具体介绍，并从源流发展、传承谱序、传世口诀、实战技击等方面详尽地介绍了各位老师传授的内容，以保存这套拳法的本真要义。

在传承过程中因老师的传授方式或个人的学习条件不同，导致各个拳法风格迥异，从而形成各派分支。本书所说的拳法则是以陈家沟纯老架为准绳，阐述了其基本招势、架势，拳法的传承、发展。总结了以往陈氏太极拳中的一些秘诀。本书口诀由我的老外公王雁亲传，它们在陈家沟纯老架太极拳的传承中一直秘而不宣。

为了推动传统武术陈氏太极拳的推广普及，我在领导的关怀指导和广大学员的帮助下，整理了历代拳师费心总结出来的拳谱、拳理、拳法，和我学拳的体会，旨在去伪存真，为广大太极拳爱好者提供一条学拳的路径。

本书中所述套路主要来自朱老虎老师的传授。书中功夫架部分所配二维码为分解动作，读者朋友们可直接扫码观看。对练则受益于王福礼、王长泰等各位老师，在此表示感谢。本书编写过程中得益于张昉、赵博、董静，一并感谢。在此特别感谢刘湘杰、朱建军和几位拳友的帮助。有不足之处请批评指正。

目 录

一、源流 ... 1
- （一）简介 ... 3
- （二）传承表 ... 5

二、理法 ... 7
- （一）修炼方法 ... 9
- （二）七层功夫 ... 13
- （三）四步功 ... 14
- （四）化劲 ... 17
- （五）一身备五弓 ... 19
- （六）心法 ... 20

三、功法 ... 21
- （一）桩功 ... 23
- （二）功夫架 ... 28
- （三）十三靠 ... 107

四、附录 ... 115
- （一）我听到的老外公——王雁 ... 117
- （二）太极拳推手的心得体悟 ... 120

一、源流

（一）简介

中华武术源远流长，南拳北腿，门派繁多。太极拳是流行最广、影响力最大的拳种之一，发源于河南温县陈家沟村。

陈家沟村古称常阳村，明洪武年间陈氏始祖陈卜迁入后逐渐改称为陈家沟村。据记载，陈卜传给后人108势长拳和相关器械，后来陈氏第9世陈王廷（1600~1680，又名奏庭）在家传武功基础上，汲取众家之长，汇集《易经》中太极阴阳之理、中医经络学说和导引吐纳术，先后创编了五套拳、五套捶、双人推手、双人粘枪及刀、枪等套路，形成了太极拳的早期拳架。该拳讲究阴阳开合、刚柔相济、以意顺气、以意催形。

再后来陈氏第14世陈长兴（1771~1853），将太极拳多个套路精编简化为太极拳一路、二路（又名炮拳或炮捶），后人称之为老架。当时除族内传播外，还开了给外姓传拳的收徒之门，使陈氏太极拳走向大众。其高祖杨露禅出师后在宫内教拳，并悟编出新的拳架，称为"杨氏架"，习练者遍及京津。杨氏两传至吴鉴泉后，又衍生出"吴氏架"。后又逐步形成了武（禹襄）氏、孙（禄堂）氏等多种太极拳流派。随着太极拳的发展演变，出现了很多新的流派，人们为了区别，将陈家的太极拳称为"陈氏太极拳"。

陈氏太极拳运用太极阴阳转换、五行生克原理，以意导气，以气催形；运用掤、捋、挤、按、採、挒、肘、靠，以及螺旋缠丝、劲由内换等技击方法，化打结合、攻防结合、阴阳转换、刚柔相济、快慢相间，处处体现出以静制动、以柔克刚、四两拨千斤的独特攻防技巧。

各派太极拳尽管在动作风格、套路组合上各有所长，各成一派，但也有相同的地方。比如，在技击特点上都明显反映出"纵放屈伸人莫知，诸靠缠绕我皆依"（《陈氏太极拳拳经总歌》）的以静制动、以柔克刚的攻防理念；在练习中都讲究沉肩垂肘、虚实分明、上下相随的技术要求。

（二）传承表

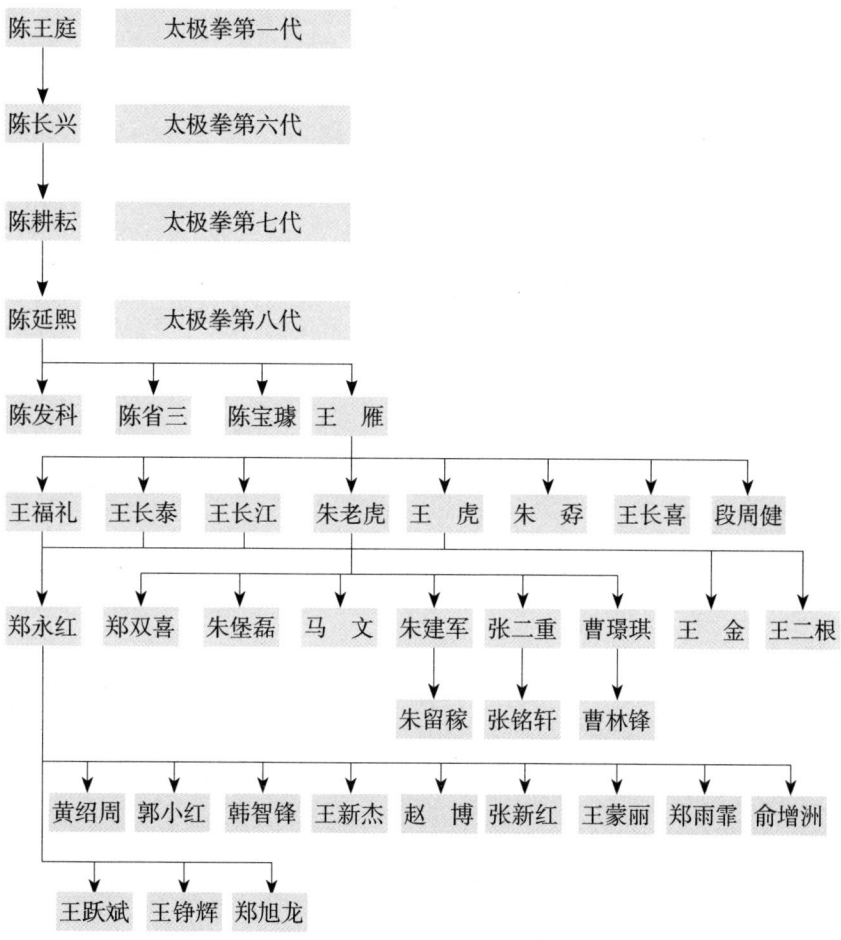

二、理法

（一）修炼方法

1. 注重拳架，忘掉呼吸阶段

这一阶段主要以熟悉拳架为主，可以"猛打、猛甩、猛起、猛落"地只练空架子，也可以"外边张张狂狂，内里没有东西"。不必理会呼吸的问题，不计较呼吸与动作的配合问题，即使猛练之后有大口喘气现象也不要紧。

2. 注重长呼气阶段

在拳架熟悉并在进一步修改规范的同时，有意识地转向内功修炼。内功修炼首先是内气修炼。注重长呼气就是从只练空架子转向内气修炼的重要阶段，也是从自然呼吸转向腹式呼吸的重要过渡阶段。

长呼气就是在更细心揣摩、体会一招一势起承转换、接骨斗笋的同时，有意识地加长呼气，好像要把体内的浊气排空呼尽一般。由于此时仍须把不少精力放在进一步规范拳架之上，不可能对每一个动作都实现长呼气，因此练习中主要在以下环节注重长呼气：起势、收势时，每势定势时，或者每个动作的小定势时，身体螺旋下沉与发劲时。注重长呼气的同时，可配合抖大杆、旋太极轮、打沙袋、练百把气功桩等功力训练。

此外，要在以下几个方面下功夫体会，为进一步打下坚实基础。

（1）下功夫修正拳架。这一阶段对每个动作的理解和认识在表层，拳架看上去好像比较流畅也比较有滋味，但还只是"空架子"，会有许多不合拳理要求而自己又不知晓的毛病。这时就需要在老师的指导下，从拳理到拳法一招一式认真修改，并要多次改拳，把拳架中低头、仰头、拱肩、架肘、跪膝、八字脚等毛病修正过来。

（2）下功夫体会静心。"心静气和气则得"，要在拳架练习中努力做到专心致志，把意念集中到拳架的每招每式，集中到长呼气。

（3）下功夫体会放松。放松是太极拳的重要基本功，也是修炼内气的重要前提。一要把手感放轻，能轻才能松；二要从"虚领顶劲""沉肩坠肘""松腰松胯"等要领上体会放松。

3. 气沉丹田，内气鼓荡阶段

陈氏拳强调"积柔成刚""刚柔相济""气非聚结不能刚"。这个阶段就是在长呼气的基础上进一步以外形催动内气，实现内气凝聚成刚的重要阶段。气沉丹田、丹田内气鼓荡，就是在每一次呼气时，意念微注丹田，感觉呼出之气有一股气下沉到丹田。随着松胯圆裆、旋腰转脊、胸腰折叠，腹内渐有气流滚动，如水波荡漾，久之便可凝聚成内气，进而转化成陈氏拳"积柔成刚""刚柔相济"所需要的功力能量。

这一阶段随着练拳过程中的旋腰转脊、松胯沉裆、丹田内转，小腹内似有一团气流在滚动、鼓荡（有的会有鸣响，即"腹鸣"）；腹部有温热之感；劳宫穴也会有跳动的气感，手心发热，手指胀、麻，手臂有沉重感；嘴中津液泉涌且感芳香生甜；涌泉虚圆，步履坚实，独立步沉稳如落地生根；发劲顺畅，气势饱满；五脏六腑犹如妙手按摩，有一种畅快感。

功成之后，丹田凝聚有了一团可称为"内气"的东西，拳法进入一个新境界，方有"可以观矣"的气势和神韵。人们常说，久练太极拳能改变一个人的气质。确切地说，只有至此阶段，练拳人的气质才会趋向娴静安详、气度从容、温文尔雅。作为一个太极拳的爱好者，一个坚持多年的练拳人，无论是为技击还是健身，至少应该练成这一层。要练这一层功夫，需要做以下几点：

（1）要紧守拳架规矩，努力做到"无过不及"

内气凝聚是需要长时间耐心细致、精微深邃地修炼，同时也是拳架从粗疏张狂逐步走向松柔沉稳、绵密细腻、从容凝聚的过程，而拳架又是内气修炼最基本最重要的载体。因此，内气修炼必须置于不断改拳、悟拳和对拳架的精雕细刻之中，必须紧守拳架的规矩。

（2）要专一持恒，把内气炼纯正炼坚实

为让内气凝聚早日成功，必须坚持"唯精唯一""专一持恒""只要功夫能无间，太极随处见圆光"，曾听老拳师如是说："练来练去只练了个揽扎衣，练到最后只练云手就行了。"老拳师从初始的套路，练到高深再练到精巧的实践可为借鉴。

（3）要循序渐进，不可急于求成

这一阶段的"气沉丹田""内气鼓荡"，是练拳人按拳理要求练拳、悟拳达到一定的积累，加上功力训练得法才有的境界。若腹内尚无气感，尚需继续循规蹈矩地练下去，不可刻意强求气下沉及气在腹内的鼓荡感。如果是刻意强求丹田气感，有意识地去鼓缩肚皮，则会出现气僵、气滞之弊，如拳论指出的"全身在精神不在气，在气则滞""用力则笨，用气则滞"。这不仅无益于功夫的长进，还可能损伤脏腑。

另外，不可为了功成而特意超负荷练拳。如果不顾自身条件练得精疲力竭，将会导致身体负担过重而耗损气血。所以须"用功各因自己力量，不必强为运动，以致出乎规矩"（陈鑫拳论）。还应实事求是，严格要求自己，根据不同年龄、不同体质、不同条件，量力而行。

（4）要逐步放慢拳架，呼气练深练长

进入这一阶段才可能随着心静、放松、长呼气、气沉丹田等多方面的进步，把拳架真正慢下来。拳理中有"行气如九曲珠""迈步如猫行，运劲如抽丝"等精辟论断。换句话说，也只有慢练才能有充分的时间去细细品味其中奥妙，从而把握住那些瞬间即逝的、只可心领而难以言传的真味。

那慢到多少时间为宜？以我为例，近些年独自练拳时，一路拳用时约 13 分钟。我的体会是，只有把拳架放慢来打，才有利于平静心态，放松关节；有利于把气呼长，使丹田内气能从容鼓荡；有利于丹田内气从容凝聚而至"积柔成刚"；有利于达到气血"无往不至"，继而实现练与养相结合的最佳效果。但我主张练。所以慢要因人而异，传统低架拳，起势之后即虚实分明，如独立步，重心放在一只脚上，又要求低架子，打慢对腿脚的负荷很大。所以能不能打慢，打多慢才好，个人应从体能、场地、时间等实际情况出发，以打拳后心平气和、身心舒畅为标准，切不可强求其慢。

（5）要适量发劲，以免耗散正在凝聚的内气

发劲是传统陈氏太极拳区别于其他太极拳的一个显著特点，如果没有发劲，就失去了它的特有风格。但这一阶段应以内气凝聚为锻炼重点，可依据自己的体能，适量发劲，不多发超出体能又有可能耗散内气的劲，尤其不要勉强去发僵劲和拙劲。

（6）要清心寡欲，把握好三个节制

一要节制名利心。二要节制大酒大肉。三要节制性生活，以培养本元。

（二）七层功夫

第一层：用手脚练拳。练到套路纯熟，发力猛打猛摔，震脚声音纯正。掤劲、捋劲在套路中展现清楚明白。

第二层：用腰胯练拳。练到套路连绵，但有断劲、丢劲。挤、按劲有所展现，掤、捋劲配合使用。以腰胯调整重心，丹田气充沛，气感强烈。

第三层：用丹田练拳。练到掤、捋、挤、按四劲齐现。配合太极推手，加强四劲练习。每天练拳十遍以上，打通小周天，这是第三层功夫的明显特征，形成内气催外形，内外统一。

第四层：用丹田带动两胯练拳，裆中有气团出现才算功成。此时练习推手，将掤、捋、挤、按、採、挒、肘、靠八大劲互换应用，抓法、拿法则要有人喂招，渐入佳境。

第五层：主要练习掤、捋、挤、按、採、挒、肘、靠八大劲在套路中的展示。练到胸腰折叠，两胯能协调配合。

第六层：逐步引领肩井、涌泉、祖窍、两肋、百会合体运行，达到浑身轻灵、水清河静、应物自然、意气贯通。

第七层：浑然一体。回元、浑元、混元功成。虚无通灵，一片神行，脉脉相合，阴阳同体。

（三）四步功

陈氏太极拳以掤、捋、挤、按、採、挒、肘、靠为技击中心内容，在沾、黏、连、随的基础上，将抓、拿、摔、打、脱、滑、横、跌、闪、惊熔为一炉。其内功技击法，用太极混元一气之内劲，根据力学原理，以太极内劲将对方擎起，使对方在浑然不知不觉中跌倒。下面就太极拳内功技击法的功法进行简单介绍。

1. 内功技击法之功法原型

它是根据古传陈氏太极拳拳法，结合古代太极图及河图、洛书、太极阴阳学说等，将太极混元气以阴阳缠丝劲分化，结合方圆相生、五行相生相克原理，以阴阳缠丝劲来化劲击对方是太极拳的技击精华。

2. 内功技击法之四步功

（1）深入细致地学习秘传功夫架

该功夫架是在原有陈氏拳架的基础上进行创新总结，一代一代传承下来的秘传套路。

（2）学习秘传功夫架的变劲、变打

这一步功是在秘传功夫架练到势势熟练无误的基础上进行的变劲和变打，即将混元阴阳缠丝劲变出，逐势进行学习，直至势势都有阴阳缠丝劲，势势都能变劲、变打，从而达到松、柔、弹、抖的技击劲别。

（3）学习秘传推手法

在阴阳缠丝劲练出来的基础上，再练习双人推手法，熟悉套路上的各种劲别、打法。做到听劲、辨劲准确无误，达到使对方不知不觉倒地的境界。

（4）学习散手法

在以上三步功的基础上，进行双人拆招对打，熟悉各种攻防技巧。

运用太极八法进行实战演习，达到借力打人、四两拨千斤、挨着何处何处击的境界。

以上四步功法，应循序渐进，逐步进入佳境，切不可操之过急。

3. 内功技击法之功法特点

（1）顶劲虚领，气沉丹田，周身放松

顶劲领起则精神百倍，气沉丹田，周身放松，避免横气填胸，使身躯放长产生弹性成为掤劲。整套拳掤劲不能失，失则犯偏。

（2）立身中正安舒，八面支撑

身正则不偏斜，若偏斜则无法运用粘、连、随的技击方法。

（3）神气内隐，忽隐忽现，刚柔相济

神气内隐则柔，外显则刚，刚柔变换，忽隐忽现，便于交手问劲。

（4）方圆相生，奇正变化，阴阳换劲，内气圆活

对方触己何处，何处即成圈，何处出劲何处即成方，劲由内换。人不知我，我独知人，内气充沛，运用圆活自如。

（5）实中有虚，虚中有实，人己相参，上下相随

双手、两脚要分虚实。阴阳变化，虚实也跟着变化，阴中有阳，阳中有阴。

（6）开合相宜，呼吸顺遂，周身配合

以腰为轴，节节贯穿，引动内气，呼吸以逆腹势呼吸为主，呼吸与动作配合顺遂。外形在内气的催动下，一动则全身动，一静则周身静，动静开合，起落旋转。当开时则开，当合时则合，形、气、身相结合，做到开合相宜，周身配合。

4. 内功技击法四步功之功效

（1）通过四步功的训练，可以出现内气周而复始，达到消化积食，祛病延年之效。

（2）触觉灵敏，眼神如电，动作如翱翔之鹰，身形轻灵矫健。

（3）发人时不现于形，对方在不知不觉中跌倒。周身上下不能挨，挨着何处何处击，浑身都是手，出手不见手。

（4）借力打人，四两拨动千斤转，触之则松柔如绵。

（5）身如火药，一动即发，变化无方。

（四）化劲

太极拳是一种非常实用的古代技击术。它的实战技术非常全面，包括身法、步法、拿法、化劲法、发人法、跌法等等，其中化劲法是常用的技术之一。

顾名思义，化劲就是当对手的力作用于我身上时，我能将其力道化解。许多人都知道太极拳贴身打人最巧，其实贴身打人巧在化劲方法上。

化劲既要做到不使对手接触我身，而我还能控制对方重心，又要做到敢于使对手接近我身，我还有办法解脱。《拳经》曾讲"运化首在腰腿，次在胸，又次在手，紧要全在胸中，腰间运化，有不得机不得势处，身便散乱，其病必于腰腿求之。"这句话告诉我们只有做到腰腿运化得当，才能临阵发挥。

1.身法的要求。"立身中正安舒，八面支撑，尾闾中正神灌顶，满身轻利顶头悬，会阴百会一线牵"。也就是说会阴穴和百会穴的连线正好是后命门和前丹田连线的垂直平分线。同时要使脊柱椎节节松沉，微微较劲，不可软塌，不可摇晃；会阴上提，气门关闭；意念上翻，气贴脊背，运劲时才能得心应手。

通过腰裆的松沉、腰隙的提抽转换、左右身法的躲闪就可将对方之来劲化掉。腰裆的松沉主要用于破解对方的上下劲别；腰隙的提抽转换主要用于破解对方从侧和前后攻击。只有通过规范的腰裆训练和身法转换训练，才能达到化劲的具体要求。

2.步法的要求。步法也是化劲和制胜的关键，所谓"灵不灵在步，活不活在腰""胜在进步，败在退步"，都是讲步法的重要性。要想有步法，必须做到动步轻灵，两腿虚实分清，步法与腰裆身法协调配合。还要做到外三合（手与脚合，肩与胯合，肘与膝合），使上下一起动，完整不乱。

有句话讲"手到脚也到，打人如拔草"，动必进步，进必套插，脚进肩随，大捋大靠。

3.手法要求。主要在于手的把力和领劲必须协调统一。手动无定向，手的运行在于对方的运动方向，有时手也是引诱和遮挡的盾牌，适合动急则急应，动缓则缓随的要求。眼为心之苗，意在领先，目光亦随之变换，身手步随目光之动向而变换，所以眼神在引劲发劲中占据主导地位。要控制对方劲路以何手为主，则目光必须视其处，决不可与劲向有偏差，要做到眼观六路，耳听八方，照顾到身前身后的各个方向。

具备以上要求后，还要做到懂劲。何谓懂劲？也就是说，对方来的什么劲，我一接触或目光一看即可明白。能懂劲，也能有办法破对方之劲，即对方进攻我肩时，我意在肘，也就是说进攻何处，何处动，动要活，意要专，这样慢慢就达到了以意化劲的高级境界。

（五）一身备五弓

陈氏太极拳传统拳架要求一身备五弓，且贯穿拳架始终。做到一身备五弓就能使太极拳蓄发相间，连绵不断。所以，一身备五弓一直是老拳师们要求的重点。

一身备五弓指的是身躯为一张弓，双臂为两张弓，两腿为两张弓，五弓合一，即为合劲也称为整体劲。

1. 身弓：以腰为弓把（弓背），命门穴以意贯注，虚虚领住，在发劲时，命门穴须瞬间后撑。尾间骨为下弓梢，命门穴后撑时，尾间骨上翻，肛门虚虚含住。大椎为上弓梢，上下对应，自然配合，就完成了身弓。

2. 手弓：以肘尖为弓把，以意轻轻领住肘尖，手腕和锁骨为弓梢，弓梢固定，前后对称。锁骨用意来固定，意注肩井，不使其摇晃。在发劲的瞬间，肘尖微微伸直后再回去，就完成了手弓。

3. 腿弓：以膝盖为弓把，胯骨与脚跟为弓梢。胯骨松沉后撑，脚跟下沉劲往上翻，这样形成上下对拉，做到了劲起脚跟，主宰于腰，通于脊背，行于手指。发劲时，膝弯瞬间蹬直，点到即收回，完成了腿弓。

五弓为太极之本，以身弓为主，手弓腿弓为辅，以腰为轴，上下相随，八面支撑。五弓合一是练好太极拳整体劲的根本，只有做到五弓合一才能出现松柔弹抖、蓄发相间、连绵不断、势势相连，最后达到"挨着何处何处击"的高级境界；才能练成"沾衣十八跌"的功夫。

（六）心法

1. 以心行气，上下相随，自然呼吸，吞吐导引；裆要撑开，尾骨泛起，身肢放长，螺旋缠绕，脚掌蹍地；裆走下弧，用力则无力，尚气则无力，尚意贵聚精，行功在入静。

2. 转劲胳膊拧劲腰，腿骑石磙怀抱斗。

3. 前紧后松中间提。

4. 一闪二看三拿。

5. 左开右关击其单。

6. 丢裆滑裆任意发。

7. 手往上，身往下。

8. 沉肘束肋裆要松。

9. 问尽天下众英豪，喉头永不抛。

10. 上节不明无依无靠，中节不明满腔是空，下节不明颠覆必生。

11. 手脐合抱抱。

12. 灵劲上身天地翻。

13. 学手先学拴横安门。

14. 练拳要练出龙虎劲。

15. 虚领顶劲，气贯涌泉。

16. 上身往上，下身往下。

17. 步要过人，身要攻人。

18. 高来低打，低来高打。

19. 胸腰折叠，丹田内转。

20. 不懂头顶悬，罔练二十年。

三、功法

（一）桩功

1. 导引吐纳功（采气功）

双脚自然平行站立，眼睛平视前方，双手自然下垂在两腿两边（图1），然后双手从两边往头顶上方画弧缓缓举起。手心相对，同时用鼻子吸气直至吸满。双手上举和吸气同时进行，速度均匀，相互配合。在举和吸气都至极点时，双手从两边缓缓下按至腹前，同时用嘴呼气，把气呼尽。（图2、图3）

图1

图2

图3

2. 混元桩功（气沉丹田功）

双脚自然平行站立，微蹲；双手做抱球状，与膻中穴平齐，肘尖朝下；双眼似睁未睁；裆口撑圆，意注丹田。若注意力不能集中时可数数呼吸，通过鼻腔自然呼吸。时间以两个小时为最长，开始如果撑不住可站2~10分钟，逐渐延长。（图4）

图4

3. 百把气桩功

自然站立，左脚向左开一大步；双手向两边平伸，掌心朝下；左手往左下方画弧，右手向左前方推掌，同时双脚向左旋转，然后右掌向右下方画弧，左手向右前方推掌，同时双脚向右旋转。这样一来一去，循环推掌，每推一掌为一把，推100把。（图5～图7）

图5

要点：

（1）推掌转动以腰胯转动为主。

（2）推掌可发力也可不发，根据个人情况而定。

图6　　　　　　　图7

4. 开胯功

双脚平行站立，腰胯放松，双手叉腰。先以左脚为重心，左腿微曲，右脚提起，顺时针方向转三圈，同时右胯随之转动，开始时转动幅度要小，转三圈后，右脚脚面绷直向左前方踢一脚，然后放下。接着换左腿，动作一样。这样交替旋转，根据个人情况确定转圈次数。（图 8 ~ 图 12）

图8　　　　　　图9　　　　　　图10

5. 贴山靠

左半身紧贴墙面，左掌和左脚上下对应，左脚靠墙根，然后突然换脚换手，用右半身靠墙。靠时肩膀外侧撞击墙面，下身相随，来回更换双脚、双膀。还可以变肘靠。这样来回运转靠击、肘击，根据个人情况确定次数。（图 13、图 14）

三、功法

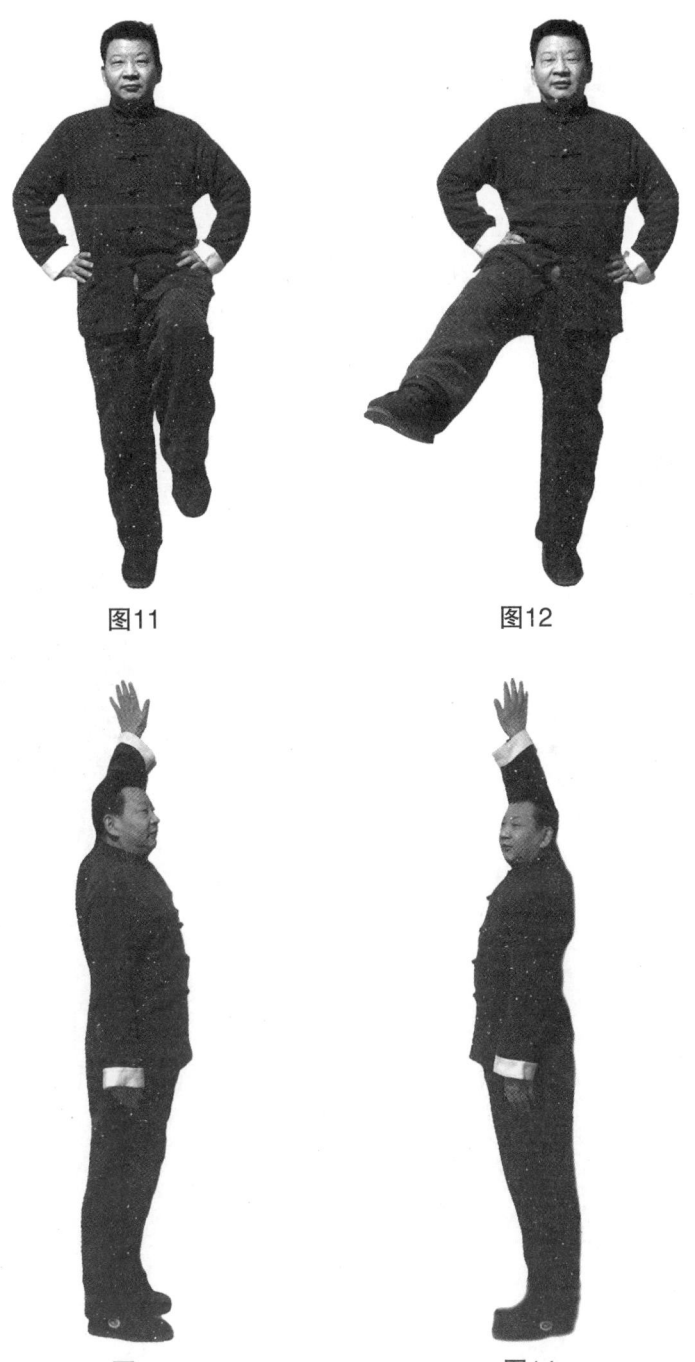

图11　　　　　　　图12

图13　　　　　　　图14

（二）功夫架

陈氏太极拳秘传功夫架是历代拳师在积累实战技击经验的基础上创编而成。它充分体现了陈氏太极拳的技击精华，以掤、捋、挤、按、採、挒、肘、靠太极拳八大劲别为基础，同时糅合抓、拿、摔、打、滑、脱、闪、惊等技法。下面就该功夫架的具体拳架做详细介绍。

初势

初势，即太极无极势。

动作要领：面朝南站立。头顶悬，虚领顶劲，两眼平视，舌顶上腭，牙齿微合，下腭微内收。两肩放松，骨缝松开，双手自然下垂，尾骨微向后向上卷起，腰劲塌下真气由丹田上提至百会穴。两脚稍微内扣，涌泉穴放松，十趾抓地，脚跟踏实。（图15）

要点：顶劲领起（好似头顶有一物，勿让其掉下），唇微闭，齿微合。上身含胸拔背，两胳肢窝感觉夹着鸡蛋。屈膝松胯，骨盆端正。

图15

全身自然放松，身法沉稳，心静如水。尽管身体外形未动，但阴阳开合，虚实变换，快慢节奏已于心中。

1 金刚捣碓

歌云：

金刚捣碓敛精神，太极浑然聚我身。

变化无方皆元气，股肱外露于屈伸。

浑身合下千斤力，练就金刚太极尊。

劝君智力休使尽，留下余力扫千军。

动作要领：左脚向左开步，两脚与肩同宽，脚尖微内扣。双手从身体两侧向内、向上缓缓抬起，两肩微扣，保持弧度。当双手向上抬至腰间时，两膝微屈，身体微微下蹲，两眼平视。双手继续上抬至与肩齐平，然后下按至肚脐。接着重心移至左腿，左右手同时向左掤起，左手逆缠，右手顺缠，向右后方掤起。同时左脚抬起，以脚掌内侧着地向左45度斜插铲出，双手由右向左、向前挤出，重心移至左腿。右手握拳逆缠向上，右腿提膝，同时左掌下沉。接着，右拳和右脚同时下落，右拳砸于左掌心，右脚落地，两脚与肩同宽。（图16～图26）

图16

图17

图18

陈家沟纯老架太极拳

图19　　　　　　图20　　　　　　图21

图22　　　　　　图23　　　　　　图24

三、功法

图25

图26

要点：

（1）身体完全放松，不使僵力，两眼平视，余光注视前手中指。

（2）定势时，可震脚，也可不震脚，上身要保持正直，百会穴领顶劲不能丢。

（3）身体各部位自然协调，左右手缠丝劲运用自如，起手为双逆缠，按下为双顺缠。变换重心时要与腰、胯配合。

（4）心气下降，气沉丹田，收腹提肛。

（5）定势时，左脚踏实，左手托住，而右手右脚则虚虚扣住，重心略偏左，下盘右虚而左实。

（6）心须静，用意不用力。

2 揽扎衣

歌云：

世人不识揽扎衣，左屈右伸抖神威。
伸中寓屈何人晓，屈中藏伸识者稀。
裆中分峙如剑阁，头上中气似旋机。
千变万化由我运，下体两足定根基。

动作要领：接上势，右拳变掌，左手自下而上画弧，右手自上而下画弧，至双手在胸前交叉，左手在里，右手在外。接着左腿屈膝，右腿以脚掌内侧贴地向右横迈一步，呈左弓步。然后重心移至右脚，右脚踏实，左脚以脚跟为轴，脚尖里扣，呈右弓步。同时身体右转，左手逆缠至左胯旁，右手顺缠至身体右侧，掌心朝右前方，指尖斜向上。松胯正位，目视前方。（图27～图31）

图27　　　　　　图28　　　　　　图29

三、功法

图30　　　　　　　　图31

要点：

（1）右手撑开指肚用力，左手叉腰虚虚拢住，不可用力，否则运转不灵。

（2）定势时，要调整全身，重心归右，骨盆端正，气归丹田。

（3）气达于双手中指，裆劲撑开，两腿缠丝劲向里裹合，使裆、腿两劲开合相寓。

（4）全身骨节松开，无僵硬处，劲内藏骨，外柔内刚，绵里藏针。

3 六封四闭

歌云：

六封四闭按向中，上下四旁扣如弓。
左脚上提走弧线，击技全在后摆中。
双肘下沉胸内含，屈膝松胯背上翻。
周身精神全贯注，犹静待动欲动中。
形似灵猫扑鼠势，动静变化实无穷。

动作要领：接上势，左手逆缠向前和右手一起，向左下方将至腹前，身体微微左转。然后重心移至左腿，双手内翻再外翻，掌心朝外，向右前方画弧推出。同时，重心全部右移，左脚抬起跟步，脚尖点地，落于右脚旁。（图32～图35）

图32　　　　　　　　　　图33

图34　　　　　　　　图35

要点：

（1）双手先捋后按，以腰背为轴，在左右转体时身体要保持正直，两掌推按时要以右掌为主，左掌为辅，气贴脊背，裆口撑圆。

（2）左脚跟步和两掌推出同时完成，且左脚跟步，是自然领劲不是抬脚跟步。

4　单鞭

歌云：

单鞭一势最为雄，一字长蛇画西东。

击首尾动精神贯，击尾首动脉络通。

中间一击首尾动，上下四旁扣如弓。

若问此势妙何处，去寻脊背骨节中。

动作要领：接上势，两掌相错，左掌向上向右顺缠，右掌向下向左

逆缠，两掌缠绕梅花形，右手变勾手向右前方提起，沉肩坠肘。同时，左腿抬起向左侧擦地蹬开。左手由胸前先逆后顺画弧拉开呈立掌，右勾手随左脚拉开向下顺缠和左掌同时撑开，目视左手中指。接着裆部撑圆，重心左移呈左弓步。左掌根部下沉，沉肘撩梢，松胯正位，目视前方。（图36～图40）

图36　　　　　　　　　图37

图38　　　　　　　　　图39

三、功法

要点：

（1）定势时，身体摆正，顶劲领起，裆部撑圆，髋关节放松，收腹提肛。

（2）只有含胸，方能心气下降，气沉丹田。

（3）定势时，尺泽穴微向内，右脚拇趾向左钩住。左肘向外，右手五指捏拢，耳听身后。

图40

5　金刚捣碓

歌云：

前已立过金刚势，如何又遇主人翁。
彼因尊主而向南，此为转身面向东。
上承单鞭原有异，下接白鹤具相同。
一势自成一势格，异曲歌来音同工。

动作要领： 接上势，右手变掌顺缠画弧，左手相随合于腹前，一起向左上方掤捋，接着逆缠向右掤出，重心先左后右。然后双手向左前方挤出。左脚尖外摆，重心移至左腿。随后右手握拳逆缠向上，右腿提膝，同时左掌下沉。接着，右拳和右脚同时下落，右拳砸于左掌心，右脚落地，两脚与肩同宽。（图41～图47）

图41   图42

图43   图44

图45　　　　　图46　　　　　图47

要点：

（1）双手向右后掤捋时要快，左手前挤要慢；右脚上步时左腿要控制好身体重心。

（2）顶劲领起，心气下降，耳听身后，裆劲下沉且圆虚。

6　白鹤亮翅

歌云：

不是峨眉月逼真，弓弯何不倍精神。
闲来没事看白鹤，两翅舒展又一波。
双手引来楼峰势，希殊秋水出太河。
元气何从出太和，右展双手弄丝罗。
北方引进神机脚，亮翅由来见白鹤。

动作要领： 接上势，右拳变掌，双手向右前方掤出，重心先左后右。

左脚向左后方撤半步，以脚内侧着地，逐渐全脚掌踏实。接着两掌下捋至身体左侧，右手顺缠，左手逆缠，各画一大圈后于胸前交叉。然后右脚向右后方撤半步，身体持续右转，直至重心全部移至右腿时，左脚收于右脚旁约20厘米，脚尖点地。随着身体右转，左手向下经腹前置于左髋前下按，右手向上经右胸前置于头右侧，掌心朝前略右偏。目视前方。（图48～图51）

图48

图49

图50　　　　　　　　图51

要点：

（1）此势大开大合，两腿应虚实分明；手合脚开，手开脚合，上下相随；右肘抬起高不过肩且肘尖下垂。

（2）顶劲领住，耳听身后，心中之意念由左及右，裆部圆且虚。

7　斜行

歌云：

> 斜腕吊踝真难看，此中自然有高见。
> 妙手空空从何来，太极图中贵善变。
> 善变神机无滞形，功夫归根在百练。
> 龙飞凤舞功夫见，难尽易来小神仙。

动作要领：接上势，身体略向左转，右手向左顺缠置于右前方，略高于肩，掌心向左，指尖向上；左手向左逆缠置于左胯旁，掌心朝下。

接着右手向下逆缠置于右胯旁,掌心朝下;左手向上先逆缠后顺缠置于左前方,掌心朝右。同时身体右转,重心移至右腿并屈膝,提起左脚以脚跟内侧着地,向左侧 45 度方向铲出。然后身体左转,重心由右腿移至左腿。随着重心转移,左掌向下、向右、向上画弧变钩手上提;右掌向上、向前、向右画弧置于身体右侧。随后右臂外旋,坐腕立掌,手心朝外,指尖斜向上,松肩沉肘,与左手相合。目视前方。(图 52 ~ 图 56)

图52　　　　　图53　　　　　图54

图55　　　　　　图56

要点：

（1）顶劲领起，平心静气；胸向前合，两臂撑开，外方内圆；上下肢协调配合。

（2）左肘最好从左膝下绕过，是为"七寸靠法"。

（3）定势时，鼻尖、左膝、左脚形成一条线。

8　搂膝

歌云：

初收转圈自然好，未若此圈十分巧。
前所转圈尤嫌大，此圈转来愈觉小。
越小小到无圈时，方知太极真神妙。

动作要领：接上势，身体稍往前合，重心移至右腿。同时左勾手变掌与右掌一起向下、向前，先顺缠后逆缠至左膝上方。同时，左脚提收

于右腿前,脚尖点地,两膝微屈,裆劲合住。随着重心的移动,双手上掤而后坐腕于胸前,两掌心斜相对,指尖斜向上。目视前方。(图57、图58)

图57　　　　　　　　图58

要点：

(1) 此势是双掌从膝盖处掤起,由开转合,以身领手,虚实分明。

(2) 定势时,要含胸、塌腰、坐腕、屈肘、屈膝、圆裆,做到周身相合。

9　上三步

歌云：

> 手中日月画太极,此道人人皆不识。
> 阴阳消长自有真,全赖有心手内寻。
> 所画之圈有正斜,无非一圈一太极。
> 奇正离合最有情,但看能明不能明。
> 天机活动妙且深,枢枢辗转在一心。
> 早能识得其中妙,三十六宫都是春。

动作要领：接上势，身体先略向左转再向右转，双手下捋。接着左脚提起向左斜前方上步。左掌经膝盖向前逆缠，按于体侧，掌心朝下；右掌向后、向上、向前推出。然后身体略向右转再向左转，重心移至左腿，提右膝向右斜前方上步。右掌经右膝向前逆缠按于体侧，掌心朝下；左掌随着右掌向前、向后、向上、向前推出，坐腕立掌。随后再上两步。（图59～图65）

图59　　　　　　图60　　　　　　图61

图62　　　　　图63

图64　　　　　图65

要点：

（1）本势关键在于腰胯转动带动身法、步法、手法的协调。

（2）顶劲要领起来，耳听身后，松肩沉肘，胸要合住，平心静气，裆部圆且虚。

10　斜行（同第7势）（图66）

11　搂膝（同第8势）（图67）

12　上三步（同第9势）（图68）

图66　　　　　　图67　　　　　　图68

47

13 掩手肱拳

歌云：

上打咽喉下打阴，左右两肋并中心。

上鼻下臁兼两眼，脑后一击要人魂。

动作要领：接上势，双手先合后开于体前交叉，左手在内，右手在外。同时重心移至右腿，抬左腿向左前方上步。两掌向身体两侧顺缠分开，掌心朝下。然后重心右移，右掌变拳逆缠收于右肋侧，拳心朝上；左手曲臂收回，掌心朝上。接着身体迅速向左转体，重心速向左转移，右拳顺缠迅速冲出，拳心朝下；左肘以同样的速度向左后方击出，与右拳形成对撑劲。目视前方。（图69～图72）

图69

图70

三、功法

图71　　　　　　　图72

要点：

（1）右拳向前和左肘向后要协调一致。

（2）定势时，顶劲上拔，耳听身后，防对方从背后袭击。

（3）腰劲下沉，两胯内收；右腿曲中求直，右脚用力蹬地；左脚踏实，左腿弯屈，膝不过脚尖；裆部撑圆且虚。

14　金刚捣碓

动作要领：接上势，重心右移，身体右转。随转体右拳变掌，内旋向右置于右侧，掌心朝右，指尖向前；左掌内旋向下置于左侧。目视前方。突然重心左移，右脚外旋画弧上步，前脚掌点地。右拳前撩；左掌内旋向里，屈肘置于右胸前。目视前方。随后右手握拳逆缠向上，右腿提膝，同时左掌下沉。接着，右拳和右脚同时下落，右拳砸于左掌心，右脚落地，两脚与肩同宽。（图73～图76）

图73　　　　　　图74

图75　　　　　　图76

15 撇身拳

此势又称背折靠。

歌云：

> 撇身拳势最难传，两脚舒开三尺宽。
> 两脚分开皆倒转，两腿合劲劲斜缠。
> 右手落在前庭上，左手叉在左腰间。
> 身似侧卧微带扭，眼神觑定左脚尖。
> 顶劲领起斜寓正，裆间撑开月半圆。
> 右肩下扎七寸靠，背折一靠更无偏。
> 右手撇回又一捶，此是太极变中拳。

动作要领：接上势，右拳变掌，双掌上提，在胸前交叉。然后身体左转，重心左移。左掌变拳向左下方经过膝关节后置于左腿外侧；同时右肩向前挤靠，右拳相随屈臂内旋置于右肩前。接着身体右转，重心右移。左拳屈臂内旋，向上置于左肩前；右拳外旋向右下方经过膝关节后置于右腿外侧。接着身体左转，重心左移，随着转体，左拳外旋向左下顺缠于身前；右拳相随，外旋向左顺缠置于右胸前。随后向右转体，右拳内旋向左、向下、向右上逆缠，屈臂置于右耳侧，拳心斜朝外；左拳内旋向下贴于左胯，肘尖向前，拳心斜朝下。目视左下方。（图77～图82）

图77　　　　　　　　图78

图79　　　　　　　　图80

三、功法

图81　　　　　　　图82

要点：

（1）右肩向右挤靠是七寸靠法，如加大身法，可以将右肘从右膝下绕过。

（2）在即将定势时，重心须向右偏并下沉，但不要过低而荡裆，两腿需合住劲。

（3）定势时，右拳、左肘、左脚尖形成一条线。

16　青龙出水

歌云：

> 松胯扭腰向右转，左上右下落腰间。
> 左手立掌右手拳，右侧斜下发栽拳。
> 左臂屈肘向后发，迅速出击达肘尖。
> 拳肘齐出一股劲，青龙出水无须停。

动作要领：接上势，两脚不动，右肘内合，右拳外旋下沉置于右腿旁；左拳变掌自下而上，自然向前置于胸前。重心不变，左掌右拳顺势向两侧打开后，右拳收于腰间，左掌向下置于体前，形成蓄劲之势。紧接着右拳往右膝前斜行下打，左肘紧急向后出肘，拳背朝上，斜靠于左肋旁。（图83～图86）

图83　　　　　　　　　图84

图85　　　　　　　　图86

要点：

（1）当左右手转动时，裆劲在内转一圈。

（2）发拳时，下半身照撇身拳之势，合于原位；右肩内合，左肩外开，内含金丝缠杆之意。

（3）发拳要走下弧形，有将对方掀起之意。

17　双推手

歌云：

背靠之后连按手，出手动作须紧凑。
扭腰旋背重心移，右脚提起正向蹬。
左脚速跟脚点地，含胸张背向外推。

动作要领： 接上势，右拳变掌，左手顺缠到胸前引住右手。接着重心左移，身体左转，右脚往右前方上步。双手左捋后收于胸前。然后左

脚跟步，与右脚中对齐，脚尖点地，距右脚约 20 厘米。同时双手向正前方推出。目视前方。（图 87 ~ 图 90）

图87　　　　　　　　　　图88

图89　　　　　　　　　　图90

要点：

（1）左掌经胸前引右掌，身体要略向右转，这是欲左先右，欲上先下的引劲过程。

（2）定势时，要松肩坠肘、气贯指梢、掌心吐力；身体有上下拉长之感。

18 肘底看拳

歌云：

左肘在上，右拳在下。
胸有含蓄，侧首俯察。
左脚点地，右脚平踏。
两膝屈住，裆中宽大。
神灵气足，有真无假。

动作要领： 上动不停，提左腿向左后撤步，重心逐渐移至左腿。同时双手先向右前掤出，再向左捋，左掌置于左腿外侧，右掌置于身体右侧。随之重心右移左脚跟步上前，脚尖点地。双掌相随，左臂屈肘逆缠向前挤出，右掌变拳顺缠收于左肘下方。目视前方。（图91～图93）

图91

图92　　　　　　　　图93

要点：

（1）定势时，腰往下塌，气沉丹田，周身上下相合；左肘与右拳合劲要整。

（2）此势身法较紧，但顶劲不能丢，裆劲松沉圆虚；双肩下沉，两腋似有鸡蛋大小之空虚；右肘弯曲，内方外圆。

19　倒卷肱

歌云：

帘看珍珠倒卷，正气贯注中间。
阴阳来回更换，随机左顾右盼。
退行有正无偏，一气相贯两轮。

动作要领：

接上势，重心不变，身体左转，左腿后撤一步，先以前脚掌着地而后全脚着地。同时右拳变掌，逆缠向上、向前置于身体右前方，掌心偏左，指尖朝上。左掌顺缠向下画弧置于左胯侧，掌心朝下。目视前方。拳势不停，收右脚经左脚内侧向后撤步。左掌向上经左耳顺缠推出；右掌画弧经体前收于右胯外侧。拳势继续，右掌逆缠向前、向上推出；左掌画弧收于左胯侧。重心左移，左腿后撤，完成倒卷肱。（图94～图98）

图94　　　　　　　　图95

图96　　　　　　图97　　　　　　图98

要点：

（1）该势身法为倒卷身法，腰劲下去，虚实分明，内劲不断；眼法随身法左顾右盼；双臂左右转圈，阴阳互换；双掌一开一合，上下相随。

（2）向后撤步时，重心在后腿，身体保持中正，做到外斜内不斜，形斜意不斜。

20　白鹤亮翅（同第6势）

21　斜行（同第7势）

22 闪通背

歌云：

双手右掤重心移，复回下捋劲则齐。
左脚提起向后倒，两腿铺地有其妙。
左右大捋速度快，起身接手如闪电。
前穿发掌达指尖，右穿左按不可偏。
下蹲蓄合气归丹，上行气通脊背肩。

动作要领：接上势，身体稍往前，重心移至左腿。同时左手变掌与右掌一起向下、向前，先顺缠后逆缠至左膝前上方。接着左脚提收于右脚前，屈膝点地，裆劲合住。随着重心的移动，双手上掤后坐腕于胸前，两掌心斜对，指尖斜向上。目视前方。（图99、图100）

图99　　　　　　　　　　图100

上动不停,身体右转,双手向右上掤掌后下捋。同时,左脚向左后方撤半步,重心左移。随后双手向左掤掌,左掌置于左胸前,右掌置于左腹前。(图101、图102)

图101　　　　　　　　图102

拳势不停,重心右移,左脚抬起向左前方上半步。右手向右斜上方分开,左手向左斜下方捋手;紧接着左掌向上、向外云手,右掌向下、向左云手。(图103、图104)

图103　　　　　　　图104

拳势不停，左掌继续向下、向右云手；右掌继续向左、向上、向右云手；然后左手翻掌朝上掤撩后按于左胯旁，右掌同时向前插出，掌心斜朝上。（图105、图106）

图105　　　　　　　图106

上动不停,重心移至左腿,身体向右转体180度,右脚画弧外旋。同时双掌向左上方画弧,右掌和右肘随转体向后击出;左掌随转体向前击出。(图107、图108)

图107　　　　　　　　　图108

要点:

(1)身体旋转速度要快,注意拧腰松髋,稳定重心;前闪后滑,诱敌深入,顺势擒拿。

(2)沉肩坠肘,周身相随,裆劲不丢。

(3)转换重心时裆劲要松。

23　掩手肱拳(同第13势)

24　六封四闭(同第3势)

25　单鞭(同第4势)

26 云手

歌云：

双手领双脚，左右东西舞。

先由左手领，右手随西去。

右脚亦收西，双手与眉齐。

双手去尺余，内外转徐徐。

中气贯脊中，不可歪一处。

右脚收回时，左手则向西。

动作要领：接上势，右勾手变掌，画弧置于腹前；左手画弧置于左肩前。拳势不停，右掌继续向上、向右画弧置于右肩前；左掌向下、向右逆缠置于腹前。身体先左转后右转，重心移至左腿时，右腿向左腿后插步。左掌内旋向上逆缠，屈肘于左前方略高于肩；右掌相随，缠于腹前。然后右掌继续向右、向上缠出，左掌相随。重心移于右脚，左脚向左开一步。（图109～图113）连续做几次，即成云手。

图109　　　　　　　　图110

图111　　　　　　　　图112

图113

要点：

（1）以腰为轴，以手领身，上下相随，形成合劲；裆部圆而虚。

（2）顶劲不丢，沉肩坠肘，脚随手动。

27　高探马

歌云：

上下手脚各相随，后往前转莫迟疑。

只分身法转不转，搏击各有各新奇。

动作要领：接上势，待云手向右运时，左脚向左侧斜伸出半步。同时，两掌向右掤起，掌心向外。动作不停，重心左移，双掌左将。顺势转身向左，右脚上步脚尖虚点地。右掌前推；左掌下按于腹前。动作不停，左掌顺缠经腹前向上、向前推出；右掌顺缠向下置于腹前。同时重心移至右腿，身体左转，左脚虚步点地。目视右手。（图114～图117）

图114

图115

图116　　　　　　　　图117

要点：

（1）定势时，头身中正，肩沉下，右脚踏实；腰劲下沉，裆部撑圆且裆劲合住。

（2）全身保持缠丝劲，两臂为顺，两腿为逆；右臂缠丝劲起于右手中指，达于左脚拇趾；左臂缠丝劲起于左手中指，达于右脚拇趾。

（3）本势易出现凹凸劲，使内劲中断；因此在形成卷劲时，右脚里扣与腰裆协调配合，这样容易做到圆满顺随。

28　右插脚

歌云：

先将左脚向南横，上抬右脚面展平。
右手从左先绕转，下打上踢两相迎。
面南左脚定根基，右手下迎不烦思。
浑身合住弯似弓，东搓西打自相随。

动作要领：接上势，两肩松下，双手左捋。左脚盖步与右腿交叉，屈膝半蹲。双手交叉，合于胸前，左手在内，右手在外。接着双掌内旋上掤经头顶后向两边打开。右腿弹踢，右掌拍击右脚背。目视前方。（图118～图121）

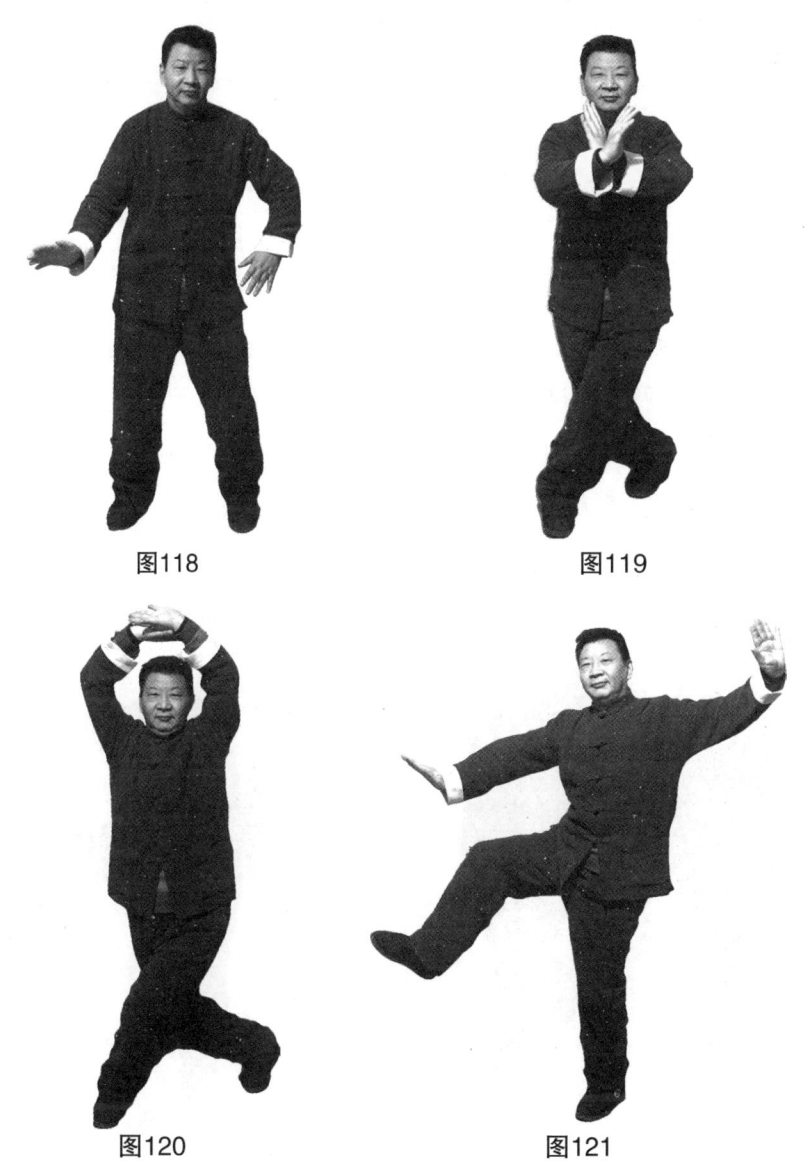

图118　　　　　　　　图119

图120　　　　　　　　图121

29 左插脚

歌云：

左脚拍合空中旋，随身左转复归原。
脚尖虚点右内侧，双手相交在胸前。
右脚独立左脚悬，脚蹬拳翻两侧开。
身法有正则无偏，左右齐舒列两边。
左脚向东蹬一根，全凭一木上冲天。
双手忽聚又忽散，浩然中气贯中间。
右脚下伏是基础，只看左脚空中悬。

动作要领：接上势，身体右转，随转体右腿落于身体左侧，脚跟着地，脚尖外摆，屈膝半蹲与左腿交叉。双手随即交叉，合于胸前，左手在内，右手在外。接着双掌内旋上掤经头顶后向两边打开。左腿弹踢，左掌拍击左脚背。目视前方。（图122～图124）

图122　　　图123　　　图124

要点：

左右插脚，以下肢发劲为主；双掌上掤时要塌腰；双脚上踢时胸腰折叠，以身领手，由内而发。

30 左蹬根

动作要领： 接上势，左脚悬空随身体左转。双手变拳合于腹前。拳势不停，左腿向左侧弹蹬。同时两拳向身体两侧逆缠击出。（图125～图128）

图125　　　　　　　　图126

图127　　　　　　　　图128

要点：

（1）腰劲松沉，胯内收；尾闾向后、向上泛起；左脚尖要翘起。

（2）左腿微屈，右脚踏实。

31　上三步（同第 9 势）

32　神仙一把抓

歌云：

连赶三步腰腿健，深入虎穴用手探。

转身出手向前掷，此乃神士一把献。

放开大步向前探，一捶击敌命归天。

动作要领：接上势第二步，身体左转，出左脚成左弓步。双掌变拳，左拳向后、向下、向上逆缠，置于身体左侧；右拳自上而下顺缠栽拳。目视右下方。（图129）

图129

要点：

（1）做到尾闾中正，松腰落胯，气沉丹田，使步法稳固。

（2）定势时，面朝下，意在后，顶劲不丢，身斜意不斜。

33 转身踢二起

歌云：

　　　　二脚连环起，全身跃半空。

　　　　不从口下踢，何自血流红。

动作要领：接上势，起身向右后转体约180度，再撤右脚至左脚右前方。两拳变掌，随转体顺势画弧。随即重心移至右腿，右脚踏实蹬地，左腿屈膝腾空后落地同时，右腿腾空飞踢。右掌拍击右脚背；左掌顺势

后甩。目视前方。（图130～图134）

图130　　　　　图131

图132　　　　　图133

图134

要点：

此势为纵身法，顶劲上冲，身法中正；右掌右脚略内旋，左掌配合自然。

34 护心拳

歌云：

双手上下似兽头，左脚西往又东收。

护心拳里无限意，欲用刚强先亦柔。

动作要领：接上势，右脚落地，左脚向左斜后方撤半步成弓步，重心移至左腿；同时双手先向右掤再往左捋至身体中心线。然后重心左右转换移至右腿，左腿向前上步。同时双手左右捋手至身体右侧后变拳。随即重心移至左腿；左右手同时向前挤出，左右肘形成合劲，拳心向内。（图135～图139）此势内藏七寸肘法。

图135　　　　　　　　图136

图137　　　　　　　　图138

图139

要点：

（1）演练时，裆口应低，虚实变换应分清。尾闾须中正。

（2）定势时，双肩沉下，两肘撑开，外方内圆；重心在两腿之间，两臂之劲内缠外掤。

35 旋风脚

歌云：

> 右脚提起向外摆，坐盘西北背向南。
> 双手相交在胸前，双臂外掤内撑圆。
> 左脚飞起平身转，手脚拍击在空间。
> 中气下塌莫上提，骨节舒展旋转利。

动作要领： 接上势，身体略左转后迅速右转，抬右腿走弧线向左腿前上一步。同时双拳变掌，顺缠交叉于胸前，左掌在内，右掌在外。身

体继续右转重心移至右腿，以右脚为轴向右转体 180 度，同时抬起左腿向右旋踢后落于右脚旁。同时双掌随转体向左右两侧逆缠，左掌迎击左脚掌。（图 140～图 143）

图140　　　　　　　　图141

图142　　　　　　　　图143

要点：

（1）本势在身体旋转中完成动作，既收又放且劲整。

（2）演练时顶劲不能丢，双手不失掤劲，左胯要松。

36 右蹬根

歌云：

> 再将右脚上蹬天，顺住左腿蹉无偏。
> 事到难时皆有法，谁知身体解倒悬。

动作要领：接上势，双手顺缠于身前交叉。重心移至左腿，右腿收于左腿内侧后迅速弹蹬。同时左掌向后，右掌沿右腿击出。（图144、图145）

图144　　　　　　图145

37 掩手肱拳（同第 13 势）

38 小擒打

歌云：

　　　　右脚跟随左脚前，左脚抬起再往前。
　　　　左手提起似遮架，右手一掌直攻坚。

动作要领：接上势，身体略右转后再向左转，右脚向前跳步震脚落地，脚尖往内扣；左脚顺势上步，脚尖微向内合。上步同时右拳变掌由上向下、向后顺缠，左手前引顺缠，合于体前；拳势不停，左臂顺缠架于体前（含有打肘之意），与肩同高；右掌顺缠，经右肋向前推掌，气贯右掌。目视前方。（图 146～图 149）

图146

图147

三、功法

图148

图149

要点：

耳听身后；两肩沉下，腰劲松沉圆活；周身劲要整，没有凸凹处。

39　抱头推山

歌云：

推山何必上抱头，惧有劈顶据上游。
转身抱首向前进，推倒嵩岳盖九州。

动作要领： 接上势，双手交叉上举。左脚内扣，身体右转180度，重心移至左腿，右腿收提后上步，随推掌形成右弓步。同时两掌向下、向两侧、向上，经耳侧向前推出。目视前方。（图150～图153）

81

图150　　　　　　　　图151

图152　　　　　　　　图153

要点：

（1）推掌时，以弧线向前推按，五指放松，气达指梢。

（2）定势时，顶劲不丢，沉肩坠肘。

40 六封四闭（同第3势）

41 单鞭（同第4势）

42 前招后招

歌云：

眼顾右手是前招，上领下引把客邀。
先左后右左脚跟，左下右上向外分。
上下相随步法敏，手脚运行皆须齐。
任敌四面来侵犯，手脚抖发显神威。

动作要领：接上势，右勾手绕梅花形变掌后，随转体引左掌向胸前掤起。同时重心移至右腿后收左脚，经右脚内侧往左斜前方踏半步，气归左腿，完成前招。（图154～155）

图154　　　　　　　　图155

拳势不停，双手左挒至腹前。同时重心移至左腿后收右脚，经左脚内侧向右斜前方点地。双手随重心的转换，由腹前向左、向上、向右合于体前。目视前方。（图156、图157）

图156　　　　　　　　图157

要点：

演练时，胯部放松，裆劲撑开，两膝相合。

43 野马分鬃

歌云：

陡然一转面向东，无数对方来进攻。
若非此身灵敏极，几乎脑后被人击。

动作要领：接上势，提右腿向右斜插，重心右移成右弓步。同时双手先向两侧打开，再合于体前，接着再向两侧打开，左掌按于左胯旁，右掌架于右肩前。然后重心移至右腿，收左腿向左斜前方插步，重心左移成左弓步。同时双手合于体前，再向两侧打开，左掌架于左肩前，右掌按于右胯旁。然后随着身体重心的先右后左，双手向右后方捋，再向前按掌。随着按掌，右腿蹬直成左弓步。目视前下方。（图158～图163）

图158

图159

图160　　　　　　　图161

图162　　　　　　　图163

要点:

(1) 此势为进攻身法,不可停顿;可加大动作幅度,但顶劲要领住,裆劲要虚、圆,这样变劲才能顺遂。

(2) 双手运行时如云手,步法左右移动有躲闪之意;要注意上下相随、协调配合。

44 六封四闭（同第3势）

45 单鞭（同第4势）

46 玉女穿梭

动作要领: 接上势,身体重心先左后右,然后身体右转90度,重心移至右腿,收左腿向左斜后方插步。同时,右勾手变掌后,双掌随身体重心的变化向右带至体前。接着重心移至左腿,右腿收回上提,待右脚即将落地时,左脚跳起与右脚同时落地震脚,紧接着右腿迅速提膝蹬跟。同时双手随着左腿收于体前,随着右蹬跟向前推掌。

拳势不停,右蹬跟后右脚不落地,直接向前跨步,左脚顺势跳步跟进,向右脚前上一步,身体顺势右转90度。同时双掌随转体于胸前交叉,左掌向左立掌拍击,右肘向右顶肘。然后以右脚跟为轴身体右转180度,左腿屈膝,右脚尖点地。同时双手收回体前交叉,随转体向两侧打开,左掌按于左胯旁,右掌架于身体右侧护头。（图164～图169）

图164　　　　　　　图165

图166　　　　　　　图167

图168　　　　　图169

要点：

（1）此势为平纵身法（古称"玉女穿梭倒骑龙"），顶劲上拔，推掌时，越快越好，勿用拙力。

（2）身法要低，低则蓄劲。

47　揽扎衣（同第2势）

48　六封四闭（同第3势）

49　单鞭（同第4势）

50　云手（同第26势）

51 摆莲跌叉

歌云：

> 上惊下取君须记，左脚擦地蹬自利。
> 右股屈住膝挠地，盘根之中伏下意。

动作要领： 接上势，双手由下而上向右转圈至身体右侧。重心移至左腿，右腿顺势起腿踢右摆腿，双掌依次迎击右脚背。摆腿结束，右脚震脚落地，同时左脚跟贴地前蹬，右腿屈膝里合。双掌变拳随跌叉于胸前交叉后前后展开，如两翼之形，左拳沿左腿击出，拳心向上；右拳屈肘外翻置于头部右侧。（图170～图174）

图170　　　　　　　　图171

三、功法

图172　　　　　　　　图173

图174

要点：

（1）此势为下伏身法，引诱之势；意念在腰，不要故意逢迎。

（2）右摆腿时，身体缩屈蓄劲；顶劲上拔，身法中正，两肩松下，左胯要放松，用腰劲旋转带动。

（3）定势时，顶劲虚虚领起，脊背保持中正，尾骨泛起；左臂向前伸展与左腿在一个平面上，右臂尽量向后向上伸展；双腿尽量贴地。

52 金鸡独立

歌云：

纵身直上手擎天，一手下垂似碧莲。

金鸡宛然同独立，下防右膝暗中悬。

动作要领： 接上势，气悬于裆部，两胯向上微提，裆劲一拧，身体向上、向前冲；左脚踏实，右腿提膝上顶，右脚悬空；接着右腿震脚落地，双膝微屈。拳势不停，重心移至右腿，随着重心转换，双掌经体前顺缠向左后方捋至身体右侧。左脚向左后方撤步后，向前、向上提膝，重心移至右腿。左掌向上、向前推掌；右掌下按于右胯旁。目视前方。（图175~图178）

三、功法

图175　　　　　　　　图176

图177　　　　　　　　图178

要点：

（1）起身时，用腰裆之拧劲往前冲。

（2）双手用力均匀，成对拉劲。

53　倒卷肱（同第 19 势）

54　白鹤亮翅（同第 6 势）

55　斜行（同第 7 势）

56　闪通背（同第 22 势）

57　掩手肱拳（同第 13 势）

58　六封四闭（同第 3 势）

59　单鞭（同第 4 势）

60　云手（同第 26 势）

61　高探马（同第 27 势）

62　十字脚

歌云：

两面交手较短长，上下四方皆可防。

唯有拴横困我手，兵因核心势难张。

岂知太极运无方，无数法门胸中藏。
山重水复疑无路，俯身一靠破铜墙。
不到身与身相靠，虽有珠宝难发光。

动作要领：接上势，双手先向左捋。接着身体向右转体90度，重心移至右腿，左腿收回经右脚内侧向左前方上步，重心左移。随着转体上步，双掌先合后开，然后合于体前。拳势不停，左脚踏实踢右脚，左掌拍击右脚背；右脚不落地，左脚内扣，向右转体180度。随转体左手经身后向上挑掌；右掌按于右胯旁。目视前方。（图179～图183）

图179

图180

图181　　　　　　图182

图183

要点：

（1）摆脚时，顶劲领起，右手护头。

（2）转体时，腰劲下沉，走梅花形劲路带动身体。

63 指裆捶

歌云：

指裆欲发面东北，拧腰抖肩下栽捶。

移重发击同到位，前拳后肘劲须齐。

动作要领：接上势，右脚落地，左脚向左上一步，成左弓步。左右拳依次上缠，最后左拳由下往上经左膝逆缠至左肋，抱于腰间，向后顶肘；右拳向后、向上、向前、向下出拳。（图184～图186）

图184　　　　　图185　　　　　图186

要点：

（1）出拳时，腰劲下沉，裆部开圆。

（2）左肘后顶与出右拳下冲对拉，形成矛盾劲。

64　白猿探果

歌云：

击过小腹不算完，抓住我手不相干。

沉肩右肘向上翻，先逆后顺向前探。

右腿随拳一齐上，送桃入口谁敢尝。

一木竖立顶千斤，肘膝相随就屈伸。

身分两截有上下，拳击下颌膝撞阴。

动作要领： 上动不停，重心左移，右腿前蹬落地，成右弓步。同时左拳护心；右拳向外绷拳。目视前方。（图187）

图187

要点：

（1）定势时，腰劲松沉，尾闾泛起，含胸束肋。

（2）两拳拳眼朝上，内劲合住。

65　六封四闭（同第3势）

66　单鞭（同第4势）

67　雀地龙（又称"切地龙"）

歌云：

> 右脚落地屈膝蹲，左脚蹬地向前伸。
> 右臂微屈身坐地，脚尖跷起两臂伸。
> 未被人推身落地，为何下体落埃尘？
> 上掠下取君须记，转体扫腿未摸清。

动作要领： 接上势，重心先左后右，右腿大小腿折叠下蹲；左腿前仆（此处以左腿完全仆地为最佳）。随重心转换，右手变掌，同左掌在体前依次顺缠，左掌经左腿内侧向前穿掌；右掌护于头部右侧。目视前方。（图188）

图188

要点：

松裆落胯，身体随气沉而下蹲，但蹲下仍有上冲之意；耳听身后。

68 上步七星

歌云：

> 脚踢拳打下乘拳，妙手无处不浑然。
> 任凭四周皆对方，此身一动悉颠连。
> 我身无处非太极，无心成化如珠圆。
> 遭着何处何处击，我亦不知玄中玄。
> 总是此心归无极，练到佛家一朵莲。

动作要领： 接上势，起身后身体左转90度，右脚上步，脚尖点地，成右虚步。随上步，左掌向前挑掌后按于腹前；右掌顺势向前，绕左手一圈后合于身前，左掌在外，右掌在内。目视前方。（图189~图192）

三、功法

图189

图190（正视图）

图191（正视图）

图192（正视图）

要点：

（1）起身时，身体放松，用腰裆劲，不可挺胸。

（2）定势时，两臂外方内圆，全身气聚丹田。

69 退步跨虎

歌云：

平分双手泛轮尻，蜡缩微躯似婴猴。

右手上惊山岭压，右肱下跨虎身牢。

动作要领：接上势，右脚后撤半步。双手在体前向两侧分开。接着身体右转90度，左脚上步，脚尖点地。随着转体上步，左掌下按于左胯前；右掌上穿于右肩前。目视前方。（图193、图194）

图193（正视图）　　　　图194

要点：

（1）双手打开时，腰劲下沉，两臂不失掤劲。

（2）定势时，松肩沉肘，后背放松，气归丹田；两肘相合，两膝相合。

70　双摆莲

歌云：

右手上托倒转肱，先卸右肱让英雄。
再将双手向左击，右脚横摆夺天工。

动作要领：接上势，双手右捋至身体右侧。接着身体右转90度，重心移至右腿，左腿左斜前方插步；重心左移，左脚踏实，右腿外摆。双掌依次拍击右脚背。（图195～图198）

图195

图196

图197　　　　　　　　图198

要点：

摆腿时，两膝合住劲，借转身之劲，将右脚提起；气悬裆部，圆虚松沉。

71　当头炮

歌云：

开辟刚柔顺自然，一扬一抑理循环。

当头一炮人难防，动静开合太极拳。

动作要领： 接上势，右脚不落地，直接向右后方撤步，重心移至右腿。同时双掌变拳，向右经腹前捋至身体右侧后，突然向前绷拳，左拳顺缠停在腹前，右拳逆缠斜伸于右肩前。（图199～图200）

图199　　　　　　　　图200

要点：

（1）绷拳时，以腰带臂不丢不顶。

（2）定势时，两肘、两拳合住劲。

72　金刚捣碓（同第5势）

收势

歌云：

滔滔长拳至此毕，端庄稳重合太极。
神态自然顶虚灵，气息平和归气海。
势势连贯并完整，到此不得露凸凹。
双臂轻松气下沉，起止动静精气神。

动作要领：接上势，右拳变掌，两臂打开经身体两侧先上后下，轻轻落于身体两侧。最后还原初势状态。（图 201）

图201

（三）十三靠

1 迎门靠

两人面对面站立，当对方进步出拳或掌时，我双手后甩，拨开对方双手。同时上右脚用右肩迎面靠击对方，使其向后摔倒。（图202）上步距离需要根据双方距离而定，重心要快速移到右腿。

图202

2 背折靠

对方捋我右臂时，我速上右步，重心右移。在以腰为轴的情况下，向右反击，此为背折靠。（图203）双方距离近则用大臂外侧靠打，远则用小臂外侧靠打。总之，意在拳先。

图203

3　溅靠

对方将我右臂拧向身后时，我迅速将右脚插向对方两腿中间，接着周身蓄合，松右胯，给左胯，重心右移，身体右转，在转体移重心的同时向后上方发溅靠。（图204）

图204

4 左背靠

对方捋我左臂时,我速提左脚上一小步,踏至他两腿中间,紧接着重心移至左腿,使用左背靠,右手配合将其摔倒。(图205)

图205

5 前栽靠

我捋对方时,上一大步至对方身后,或两腿之间,先用右肘滚压对方肘窝,后用肩发前栽靠。(图206)右下捋且前栽,靠的是劲力的转换,得机得势才可使用。前栽靠用肩外侧,内含极大冲撞力。

图206

6　侧肩靠

侧肩靠，就是用肩的前侧，在惊闪的基础上完成靠打。双手右将时，右脚向前上一小步，突然用肩发靠劲。（图207-1、图207-2）侧将时要轻，击发时要快，一闪一惊肩突出。

图207-1

图207-2

7 前胸靠

在对方双掌进攻我时，我用双掌分开对方双手，随即松左胯，左脚上前一大步，右脚跟步，重心迅速左移。接着双手逆缠，发前胸靠。（图208）发靠劲时，劲宜短不宜长，要求速度快、幅度小，整个动作瞬间完成。

图208

8 七寸靠

对方按住我头部，我在不能起身的情况下，迅速进左步，或外管其右腿，或插裆。近身后，右肩、右肘靠击对方小腹，使其摔倒。（图209）此势因靠击时肘肩离地七寸，故有"七寸靠"之说。

图209

9　肋靠

在我双手擒住对方双手，对方失去重心的情况下，可用右肋或左肋发靠劲，靠击对方身体，使其摔倒。（图210）

图210

10　十字靠

对方在我正面，用双手抓住我双手腕部，左上右下把我双臂绞住，欲将我撞倒时。我趁势右转，身体略上升，再下沉，重心偏右。同时沉肩坠肘，含胸塌腰，松胯屈膝，左腿里扣，脚尖内勾，右腿顺转，脚心放空，五趾抓地。左手和右手同时反转，破掉对方双手绞劲，同时用右肩向对方右肋靠击。（图211）

图211

11　后背靠

对方从我背后偷袭，缠我颈部。我即下沉身体，用双手擒对方手腕，顺势用后背直击对方胸部。（图212）

图212

12　后臀靠

对方从背后抱住我腰部，欲摔倒我时。我立刻松胯屈膝，弯腰搂住对方一条腿，直接坐在对方腿部，手和胯同时发力，将对方坐倒，完成胯臀靠。（图213）注意搂腿要快速完成。

图213

13　膝靠

当我用双手掤捋住对方右手时,进左步至对方右脚后,同时提右膝,臀部上下合住劲,顶靠对方右胯,直接将对方靠倒。(图214)

图214

四、附录

（一）我听到的老外公——王雁

太极传奇人物王雁（1900～1980），字廷选，河南温县陈家沟村人，是我父亲的外公。

王雁身高不到一米六，却自幼好武，喜欢舞枪弄棒。他每日在陈家沟村多家拳场游玩，想要拜师学艺，机缘巧合下正式拜入族舅陈延熙门下。由于王雁天资聪慧，一学就会，深得陈延熙老先生喜欢，遂得到陈老先生的悉心传授。有一次邻村朱家庄有大戏演出，王雁与陈宝璩、陈发科、王平商量去观看，走到村口，四人决定比赛，看谁先到朱家庄戏场(四人都会陆地飞腾术)。一下腰四人齐奔，初始还能在一块，眨眼间已不见陈宝璩、陈发科，等王雁、王平跑到戏场，陈宝璩逗笑说："我俩已看了半场戏了，你俩才来。"王雁暗自较劲，一定要赶上陈宝璩、陈发科二人，自此不分昼夜发奋练功，夜间睡在长条凳上，翻身惊醒，即起身练拳。

王雁在自家拳场练过以后，独自一人到三里之外的赵堡村拳场与赵堡村人切磋，然后再到距陈家沟村五里之外的北平皋村找人切磋技艺，每天如此。五年后，王雁拳艺大长，三个村中已无对手，人们送他"铁挓神靠"的美称。二十岁左右去博爱县月山镇参加小尚拳、八极拳和两仪拳比武，一举获胜，博爱人送其"草上飞"的雅号。他拳艺精湛，功入化境，深得太极之精髓，自此功夫大成，与陈发科、陈宝璩、王平并称陈氏太极拳"四大金刚"，排名第三。

1928年，陈照丕应邀前往北京授拳，为打开局面，在北京宣武门外立擂十七天，未遇对手。其间陈发科、陈宝璩、王雁、王平都在护擂，研究打擂者的功夫，帮助陈照丕守住擂台。此后陈发科在北京授拳，王雁前去帮忙三个月，替陈发科打败了很多对手。

三个月后，王雁受邀前往西安，受到杨义臣、张甲森等弟子的热烈欢迎，并在兴庆公园附近立馆授拳。

一日，拳馆来了一位访客，使得一手好棍法，弟子们将此事告知王雁。王雁仔细观看了那人练的一套棍法，心中有数，便随手提了一条棍站在了访客对面。王雁按江湖规矩首先问对方是访友还是会客，访客只轻哼了一声说来踢馆，王雁便不再答话，二人举棍便打。三四个照面后，访客便被王雁一招齐眉盘龙打倒，不能起身。他说："王老师我服了，饶过我吧！"王雁哈哈大笑道："饶你可以，将你的棍法留下。"访客表示同意。原来王雁看他表演一遍就相中了此人的棍法，也看出其破绽，比武时就用访客的棍法将其打败。从此以后陈家沟村就有了一套太极齐眉棍法(也叫眉齐棍法或晦气棍法)。

王雁老师在西安教拳半生，影响大的比武有六七次，其中与一个拳师的比武让他终生难忘。当时这位拳师也在西安教太极拳，与王雁的拳场相距不远。两方弟子之间不时进行比武，后来发展到非见真章不可的地步。终于这位拳师经不住徒弟们的怂恿，向王雁下了战书。王雁本不想应战，但这位拳师一再邀约，便只好答应。比试当天双方徒子、徒孙和西安武术界的一些人都来围观。二人来到场中，寒暄几句后就开始出招，王雁一招迎门靠打得这位拳师当场吐血，被送回家。王雁老师心有歉疚，亲自登门看望。遗憾的是，这位拳师不久就撒手西去。这次比武对王雁老师影响很大，此后再不轻易与人动手。

新中国成立以后，王雁回到阔别已久的陈家沟村，彼时家乡练拳人已经很少，但他一直坚持，1963年后开始教授王福礼、朱老虎、王长江、陈七、王长泰、王长喜、王虎、曹二柱、吉定洲、陈德旺、王大保、张闹等人。1968年，陈照丕返乡劳动，王雁让自己的几位弟子改投陈照丕继续学艺，发扬陈氏太极拳。

晚年的王雁竭尽全力将一生所学传授给朱老虎、王福礼、王长江等人，即便在病榻上还不忘教拳。外孙朱老虎来看他时，王雁已不能起床，他依然让朱老虎伸手攻击他，出人意料的是年轻力壮的朱老虎瞬间被打倒在地。朱老虎也是当代名手，但他常说："论功夫我们不及先辈十之一二，非天分不及，而是下的功夫不到。"

1980年10月，王雁病逝，临终前叮嘱后人三句话：太极拳艺得来不易，且珍且惜，勿荒废于投机取巧；拳艺来自陈家，切勿与陈家争高低；感恩陈家，陈家有难要出手相助。

（二） 太极拳推手的心得体悟

推手心得之练

弹指间，我练太极拳推手已有一年的时间，这一年里收获颇多，用老师的话讲就是：全给干货，一点水分也没有；全走直路，一点弯路也没有。开始的时候，老师也不跟我讲太多道理，就是拉着我来推手，掤捋挤按也没练，用老师的话说就是胡乱扒拉。我也不明白这是在练什么，老师总是很轻易地就把我化出去了。没几回，我就没兴趣了。后来，还是老师硬拽我起来练推手。我总觉得跟别人练的不同，不是先练单推手，再练双推手；也不是先定步，再活步。老师总是沉默不语，最多只是说："你和我推就行了，慢慢地，这中间的妙处你就都明白了。"我很无奈，又不想辜负老师的一片好意，就随意应付着，身上还是轻飘飘的，老师一碰，我就出去了，什么姿势都有，非常难看。这时老师再次提醒我："其实你每次出去都是因为你身上紧了，硬邦邦的，哪有不出去的道理？"可是我还是不明白。什么叫硬？什么叫软呀？不管它，推吧！三推两推，有一回，老师推我时，我身上感觉软了一下，竟然没出去。这时，我停了下来，问老师："软就是这个感觉吗？"老师马上点头说："就是这个软。"然后又继续推，真是神了！我每次被推出去时，都是因为自己身上硬了，而没出去的，都是因为身上放软了。后来老师告诉我："许多人以为练推手，就是先练定步，再练活步；先练单推手，再练双推手。其实我要真这样教你的话，你八辈子也练不出来。你怎么练也只会生搬硬套，你练得再熟练，也是一个死的，真正遇上高手，一推你就什么也不是了。我这样带你，是最快、最直接地往你身上递东西，先练身上的感受，通过我身上给你的感受来指导你推手，你的进步就会很快。这就叫'言传身教'，出自名师固然很重要，但更重要的还是身教。我只言传不身教，道理讲得再明白，我从来不跟你搭一回手，那你啥也不是。"朱老师教我功夫时，就是先教了我两年半的基本功，剩下的半年我就跟老师推手，每次都是摔倒了爬起来继续推。一直到朱老师都推烦了，跟我说："行了，不推了。"这半年下来，老师说："成了，你以后可以自己练功了，至少你在我身边磨了三年，已经能把住这股劲不跑道了。"

练习推手一个月的时候，我渐渐明白什么叫推手，怎么用松软化解别人的力道，便沾沾自喜起来，觉得老师也没能把我怎么样啊。老师似乎看出我心里的想法，于是伸手的同时对我说："我们再来！"我没在意，便像平时那样，又和老师推起手来。可奇怪的是，我又变得像一个月以前那样，不会松了，一碰就出去。这时老师说："刚开始时，你什么也不会，我只是随意用劲儿就能对付你，可是经过这一个月的磨炼，你身上已经能适应并接受这股劲了。我再这样推你就没意义了，所以我开始加难度加东西。"我说："那不就等于说你先教我一年级的东西，等我明白了，你再增加难度，教我二年级的东西，以此类推，我才能提高？"老师说："没错，道理就在于此。我必须降低层次，从容易的来领你的手，你才能逐渐进步。你现在练的就是松沉，必须先把身上的僵劲去掉，等你逐渐把身上的僵劲揉开了，你才能真正步入练习太极推手的门槛。"就这样，我又和老师推了两个月的手，每天不间断，开始时只能推十多分钟，再后来能推到四十分钟，累了就歇一下，然后继续推。

这时，老师对我说："你身上的僵劲去掉不少了，逐渐地会松沉，会柔软了，这个阶段也可以叫僵柔劲。""什么叫僵柔劲呢？"我问。老师说："僵柔劲就是会柔了，但是僵劲又没完全去掉。再往下就叫柔劲。""噢，那再往下还有一些什么劲呢？"我又问。老师说："再往下就是轻劲。"我又好奇："轻劲？轻劲是什么，能打人吗？"老师一伸手说："你试试！"我便伸手和老师搭上，像平时那样推。神了！老师搭手特轻，我根本摸不上手，吃不上劲，刚一松懈，"啪"的一下，老师便打到了我。再试，还是摸不上劲，而且一不小心就被打到。我便问："这是为什么？"老师说："以前的练法，都是练松柔，只有轻劲练好了，才能打人。我手轻，是为了听劲，你手上再像以前那样就笨了，根本不行。这个感受就像摸老鼠夹子似的，手要特轻，重了就会触动开关，把你的手夹住。如果我用很轻的劲摸老鼠夹，那就很安全。真正在外面和别人比手，我用的全是轻劲，哪会像现在和你推一样，把劲吃得那么深。"老师又说："你再试试。"我又和老师搭上手，这时我轻易不敢动弹了，一动，便"啪"的一下被打出去，心里觉得很紧张，整个人都被看住了。在后来的日子里，我逐渐悟到太极推手为什么要用轻劲。因为只有手上轻了，才能听到别人身上的劲，所谓"伸手如把脉"，根本无须大力落在别人身上，打人时也是一样。听到劲时，只要手脚同时到，意到了，力合了，完整了，对手自然就会轻易被你打出去，这也合乎"四两拨千斤"的道理。而且正因为听劲是用心去听的，用身体去感应的，由感即应，一触即发，高手闭上眼睛也能推手，这也是为何有"打拳如同盲人走路"这一说法。常人走路用眼看，还经常被绊倒，那是因为没有看在心里。盲人走路却必须调动全身的注意力，包括听觉、触觉、嗅觉等，稍稍有一点点动静都能被发现。其实轻劲再往下就是虚灵劲，但是虚无劲不是单独存在的，它是在推手的过程中，一瞬间表现出来的一种劲道，一闪就把对手打倒了或者走化出去了。所以高手推手，身上会同时带着轻劲、柔劲、虚灵劲三种劲。但是这三种劲要练出来，必须去僵存柔，在松沉的基础上练出来。老师还常说："功夫好练，劲道难求。"他辛辛苦苦亲自领我推手，其实就是要为我找劲，然后再把住这杆劲苦练，这样练出来的功夫才有好劲道。很多人花很大精力、吃很多苦来练功夫，功夫也吃得很深，但是没练出好劲来，大多数都跑偏了，或者劲没找到，身上都练出一股横劲，层次总上不来，一遇到高手就一点用都没有。

　　内家拳讲的就是劲道赢人，没有好劲道别说对手有多厉害，就是遇到五大三粗、一点功夫也不会、只有一把死力气的人，你也赢不了。太极推手的比赛中，就出现过这样的例子，曾经有一个打铁匠，在赛前三个月，突击训练推手，最后竟然拿到了冠军。乍一听来，煞是可悲，中国的国粹太极拳竟赢不了一个打铁的蛮汉。是太极拳没用吗？根本不是，只能说明那些人练的根本不是太极拳，他们全练错了，他们宁愿花大气力去流汗，去使笨力气，也不愿花时间去想去悟，因为内家拳最讲究"三分靠练，七分靠想"。

推手心得之二

讲到太极拳推手，我有很深刻的体会。我的老师精通形意、太极、八卦三家内家拳。老师总说三家拳练明白之后，你会发现它们其实是一样东西，只是级别阶段不同。而我的身形适合练形意拳，所以我的功夫从形意拳的三体势站桩入手。当我和老师学站桩三个月后，老师对我说："你从现在开始就要学太极推手了。"我觉得疑惑，便问老师："我才站了三个月的桩，而且打起拳来刚感到身上比较舒服，体内气息充盈，现在学推手是否太早？"老师说："可以开始了，否则你再往下打拳不但不会进步，反而会退步。"我又问为什么。他说："会推手的人一定会打拳，但是很多会打拳的人都不懂推手，其实也叫不会打拳。学太极拳必须从推手中找感觉来指导打拳，时间久了，自然就有了技击意识，不再是那种只会打套路的人打的拳。现在真正懂太极拳的人越来越少了。许多人不是把太极拳当内家拳练，而是把太极拳当成慢练的外家拳。大家只知道学多少套拳，学多少招势，对拳理却一概不知，充其量混个身体健康、脚腿灵便而已。一个人是否会打太极拳的劲，只要看他的起势和收势就能看明白。"说完这些话之后，老师便领我推手，可奇怪的是，他并不教我推手的掤捋挤按。

我又疑惑了。老师说："拳本无法，有法也空。我如果一开始就教你规规矩矩的东西，你一辈子也学不会太极拳。一开始你就随便来，从无法中找有法，而不是刻意地去按套路用技法，用招势，符合太极拳舍己从人的道理。太极拳是水，避高而趋下，随意而成形，成什么形不由自己，而由面前的障碍物决定，这也是太极拳讲究化打的原因。"

这时我恍然大悟，对呀，太极拳就像水，水可以变成各种形状，你轻轻碰它，它就轻轻回应。可你大力打它，你的手就会痛，越大力越痛，这正是太极拳极柔软而极刚硬的原理。

我问老师内家拳与外家拳最本质的区别在哪里？老师说："外家拳靠招赢人，是有形的，看得见的，能招能架的。可是内家拳却不是这样，它是靠劲赢人。碰到功力比你深厚的人，不管你是否招架，他的劲道都打在你身上。打个比喻吧，如果是棍子扔过来，你可以躲开，可是一股冷风袭来，你能躲开吗？你觉得你已经躲开的时候，身上已经感到寒意了，这就是内家拳。还有一个比喻，外家拳就像加农炮，威力再大，一旦弹道固定，炮弹的飞行轨迹就定了，它就只能打一处。如果目标移动了，炮弹就打不中。可是内家拳不同，它就像激光制导导弹，目标走到哪儿，它就跟到哪儿，不找到你它轻易不爆炸，它的精确度相当高。外家拳打人力度拿捏的差距很大，只用一斤力就够，有人偏用十斤，以为越大力越好，其实有九斤都是浪费了，等到要用十斤力时，可能还用不到两斤。内家拳就不同，该用一斤就一斤，该进一尺绝不进一尺一。化对方攻势时对方觉得自己的力道如泥牛沉大海，进攻对方时对方觉得如泰山压顶。"我又问："为什么推手的时候，看起来很软又很慢？"老师说："所谓的慢，你只是看到表面而已，你见过蛇捕食没有，表面很慢，其实它已经看住你了，你不动它不动，你一动它即发，一下把你给咬住。外家拳再快没你心快，当你用心去看它时它就不快了，它稍一动，你便会有反应，正所谓'打拳如同盲人走路'，'闭眼的比睁眼的看得还明白'，因为人家是用心去看的，能不比你反应快吗？"

他说:"来,我们搭一搭手。"我便和老师搭上手,老师静静的,并没有领我推手,随意动起来,我便觉得没什么呀,挺安全的,主动向老师一挤,我刚一动,老师便"啪"的一下,把劲吐在我身上,我瞬间感受到了强烈的挤压,向后蹦了出去,顿时吓出一身冷汗。幸亏老师只是想让我感受一下,发了一个长劲,并不是发透劲。他说如果跟对手交锋的话,这一下已经把人给废了。从此老师再跟我讲推手时我总有一种战战兢兢、如履薄冰的感觉,不敢轻易再动一下。太极拳就是这样,表面看它软绵绵的,你以为没事,很安全,当你麻痹大意,以为很安全的时候,就是你挨打的时候。

以前无知,思想上往往过于主观,爱过早下定论,以为太极拳练得那么慢,个个都像老头老太似的,能伤人吗?我跳起来踹你一脚,给你一个大嘴巴子不就完了?可是和老师一搭手,我却轻易不敢动弹,感觉处处都是地雷,处处都是陷阱,害怕一不小心就被放了出去。

[题外话1]

高手练太极拳时,表面看起来蔫蔫的,眼睛半眯着,抬腿也是松松的。其实他是在用意识练拳,虽然身上极度放松,但随时都可能蹦起来。你看他漫不经心的,其实他时时刻刻都在看着你,而且是用心、用意识来看,你说是你手快还是他意识快。高手过招不是比手毒,而是比心毒!高手想伤人的一瞬间,身体极度放松,这样出手才是透劲。太极拳为何在意不在力,就是这个原因。越是到高境界,越是注意神走气化。

[题外话2]

我的老师说,他年轻的时候练功都是半夜起来,点着黄豆大的油灯来练的。那个时候万籁俱寂,人在那么静的环境里更容易练出东西。现在人的功夫比以前差了,也是因为现在的人心里边乱,又是电视又是网络,白天工作压力还大。心静的程度不同,练出的功夫也不同。

推手心得之随便

跟老师学推手，有一个很特别的说法——随便。这也是老师的口头禅，一伸手便说随便，但是你却怎么也推不动他。他软硬不吃，身上时软时硬，时沉时松，最后只能随了他的便，他随便都能左右你。他晃晃荡荡，如癫似醉，时而做伸懒腰状，时而又做猴相，时而如游龙般一个摆尾，无论你的力从哪个角度来，他都能化为乌有，而他要打你只是一念之间。

我记得刚开始认识他时，由于无知，竟怀疑太极拳的威力。老师一眼看出我的想法，便说你随便来，结果怎么也推不动他。后来，正式和老师学推手以后，老师还是说随便，他说只有从随便中才能练出不随便来。如果一开始他就定了太多规矩，就连腿都不敢迈了，根本没法学。只有从随便开始练，才能把什么样的对手、什么样的推法都适应了。老师的身手就是经过无数次的寻师访友、无数次的切磋交手锻炼出来的。他每次和别人一搭手便说："你随便，我什么都不会，你有什么本事尽管用出来。"而这个时候很多人反而不会推了，意识紧了，身上也紧了。反过来他同时也暗示自己要放松，再怎么推自己都能做好。这已经算是兵法的战术了，给对方一个心理上的暗示，让对方无法放松，同时又从心理上暗示自己要放松，对方紧，自己松，此消彼长，一推起手来自然就占了大便宜。老师在平时推手时，也是说随便，他让你用最牢靠的方式准备好，你说行了才站到一块去。

在后来的日子里，我经常走到外面和一些多年从事太极拳训练的老师交流，才发现正是老师当初教的"随便"帮了我的大忙。别人的力在我身上总是不奏效，我能接受来自各方面的力道，并通过松柔的方法走化出去。跟我推手的人都显得无所适从，发现我身上根本没有着力点，总是软塌塌的。按不实，不受力，没规律，又有规律——那就是随便了，他再动手打你,你不说行,他绝对打不到你。老师每次出手都是轻手轻脚地把人练起来,我身上感觉一点也不痛,虽然觉得老师用的劲并不大,可是不管怎样都抵挡不了。不管你顶也好,化也好,都是轻飘飘地出去,仿佛是在两个频道上用劲,根本没法和他的力相抗。这也是老师常说的:"拳本无法,有法也空。"推手要靠功夫赢人,而不是靠一些办法,比如撅手和使绊子,用得再好也只对功夫差的好用,遇到功夫比你深的就不灵了。最根本的还是要把功夫练到家,有了功夫,办法怎么用都行,都能奏效。

随便中练出来的功夫,到最后别人都会觉得不随便,但是从练功过程来说,先练随便,等在随便中练出功夫来了,再慢慢进入不随便,也就是规范的练功方法中去,这样才能提高自己的境界,弥补自己的不足。太极拳的高手讲究"听劲",有的高手讲"称劲",可见其细腻之处,能称肯定能听,称了才知道要击出多大的劲道。对方防守严谨时,更有高手主动出击,此时则是"要劲"。你不给我机会,我也可以要来机会,但这却要相当深厚的功力和丰富的经验,高手推手时,还会使用"问劲"的方法,也就是"投石问路"。

推手心得之劲

老师常跟我讲:"功夫好练,劲难求。"他问我:"劲是什么?"我脱口而出:"劲不就是力量吗?力量越大劲越大。"老师说:"错了,你把劲理解成死力气了,其实劲是活的,是有思想、有意识的。我们在日常生活中都能练出各种劲来,只是跟你的职业、习惯等有关。铁匠有铁匠的劲,书法家有书法家的劲,如果让铁匠来写字,再有力气也写不了有力度的好字;如果让书法家来打铁,就是他再会写字也打不了好铁,用不好打铁的劲,打出来的也是废铁。再来一个很简单的比喻,假如你是一个右撇子,平时用右手开门,又轻又准,一下子就能把门打开,可是换了左手就又累又不讨好。这就是劲的作用！"

老师有一次搬家的时候跟我说："你别看我长得虎背熊腰，打人时一伸手人就飞，可是一驮重物，我就两三天腰酸背痛，浑身不自在，连你师母也不理解，总说我使力气时连个女人都不如。"当时我很困惑。老师解释说："身上的僵劲你恨不得全把它去掉，平时练的全是松，全是巧，内家拳练的全是巧劲，哪还愿用僵劲、笨力气？你想，一个钢琴家，如果老去抓锄头，那他怎样也练不好钢琴。穷人练武，晚上练巧劲，练如何放松，白天又去推车、搬石头，劲全跑掉了，那他什么功夫也练不出来。听说以前内家拳高手都不干活，全都养在有钱人的家里以便专心练习，无后顾之忧。"我也想起杨澄甫的徒弟李雅轩在四川时从不教穷人，只教富人，现在看来，有他自己的考量。

老师曾说过，有一些名家，每天跟人讲动作、讲套路，可是从来不讲劲，结果练功人的水平怎么也上不去；一个人会不会打拳，你只要看他的起势和收势就明白了，劲如果不对，套路再长也白费，劲如果对了，只打一个动作就可以了。难怪我看老师打拳从来不打套路，只是随意出手，没有固定的动作，也看不出什么来，走到哪是哪。老师告诉过我，合乎拳理的情况下，怎么打都行，不合拳理打再多都是错。关于三大内家拳，我曾听人说：练明白了一个劈拳，就练明白了形意；练明白了单换掌就练明白了八卦掌；练太极的会起势会收势就会打拳。原来都是因为明白了内家拳的劲，所以一理通百理通，会练一个动作就会练全部动作。如果不懂这一点，会再多招势都没用。很多人练拳时没有真正理解好内家拳，一直练的都是招，而不是劲。殊不知招练得再多，劲用错了，就是一招错招招错，全盘都错。许多人都把内家拳当作看得见的东西来练，练一个套路就以为会了内家拳，实际上内家拳是看不见的东西。而且，老师还常说太极拳不能讲法，一讲法层次就低了。太极拳真正要练的是劲道，而不是法和招。有法不用法，有招不用招。内家拳都是在模仿动物身上的劲。动物哪有法和招？可是动物身上的那股机灵劲是你用什么法也拿不住的。动物在遇袭时的那种反应完全是一种天性，人要学的就是这个。身上劲道出来了，别人什么法都对你没用。孙禄堂曾经说过，万法得来皆无用，身形应当似水流。这也是老前辈们为什么老说要顺应天性、顺应自然，因为自然而然的东西是最强的！

讲到劲，我曾经有很深刻的体会。有一次，我去菜市场买鲶鱼，看见池子里放了十几条鲶鱼，但池子里没水，鲶鱼也是一动不动的。我担心鱼是死的，便伸手去摸。这不摸还不打紧，一摸之下那鱼"啪"的一声蹦了老高，把我吓了一大跳，感觉手上像触电一样，心里直打激灵。后来老师跟我说这就是太极拳的惊劲，太极拳的高手要伤人，用的都是这种劲。还有一次，我在家里给鱼缸换水，水还剩一点点的时候，我想把鱼抓出来，明明鱼已经抓在手里了，可就是抓不实，一用力鱼就挣脱了，连试几把还是不行，这也是一样的道理。和太极拳的高手搭手时，他如果不想伤你，便可以用这种劲来和你推，你用再大的劲也摸不实他。我的老师年轻时和一个国家队的重量级运动员试过手，那人气很大，可举400斤，一般人和他根本推不上手，别人和他一搭手就被抓了整个扔出去。所以，他从来不相信什么太极拳。可是我的老师和他一搭手，他却怎么也抓不实，十几分钟下来累得大口喘气，一点力气也没了。此时，我的老师要伤他就是一瞬间的事。可是这种劲不是听了就能练会的，关键在于一个"松"字。怎么松呢？各家的练法不同。

每个人都会有自己的优缺点，太极拳是用内劲的，大个子有大个子的好处，小个子也有小个子的灵活。很多老前辈其实都是小个子，孙禄堂就不高。我有一个师弟才110斤，可他特机灵，听劲又好，像个猴子一般，一般人和他推手只有挨打的份。

练太极拳本来就是要去僵存柔，如果去练肌肉力，岂不越练越紧了？练习太极拳久了，由于松出功夫来了，肌肉变细变长更有弹性，和练健美的肌肉已经不同了。手上松了，你背上的劲才能递到手上来，太极拳是讲究力从背发的，这样才是整体劲。反之，手上僵力未去，一搭手便使出手上的力，背力出不来，就变成局部力了。常练内家拳的能赢外家拳，就是因为用身上的整体力赢人家手上的局部力，所以，练肌肉只会让你离真正的太极拳越来越远！

推手心得之训练与实战

我的老师常跟我讲："推手时，一定要分清训练和实战，否则推手的层次上不来，等到实战时一定会吃大亏。"我一开始不明白其中的道理，总爱打破砂锅问到底。

刚认识老师的时候，我的问题是又多又刁钻，可是老师总能从容应对，回答得也很入情入理，总能令我心服口服。慢慢地，我对太极拳的理解越问越清楚。后来我才知道，一层功夫一层理，功夫练明白了，道理自然就圆融了。

老师说："推手之时一定要按照规矩来，宁可合理败，不可越理胜。你们初学推手时往往为了争胜而违背了拳理，师弟比你弱，你就要时刻提醒自己切不可以力取胜，而是要以技术来迎合他，让他能把所有的东西用出来，又不至于摔倒，那样你既领了他的手，更磨炼了你自己的技术。同时也不可大意，哪怕对手是一个小孩你也不可轻视，要懂得以技术来配合他。如果你把把都是一搭手就把他放出去，他固然是练不出来，可你的技术也一定不会提高到哪里去。想想'老朽戏顽童'，你就明白了。老朽要把顽童逗弄起来又不能让他摔倒，自然需要一些技巧。别人比你强，哪怕你被打出去了，只要你是松着出去的，他打着你，他也不会自在到哪去。如果别人打你时，你硬撑着不出去，你的体力消耗就厉害了，因为别人是得机得势的。相反，对于他来说，他硬把你打出去，那他的体力也消耗得很厉害。别人退一尺你就打一尺，要是你打了他二尺，那你就会有一尺是被消耗掉的。对于练功来说，这是不合理的，平时要牢记在心。可到了实战比赛，又大不相同了。因为比赛的目的是取胜，如果你的功夫又还没有练到家，违背一些道理硬胜他也不过分。许多练了一辈子的老拳师，在实战时总是稀里糊涂地吃亏。"

推手心得之进与退

老师常跟我讲："推手中一定要注意进与退的辩证关系。太极拳本来就是一门哲学、一门艺术、一门辩证法，是讲兵法、讲战术的。以前的老前辈常说太极拳是心理拳，这是很有道理的。如果不把推手当功夫，而是把它当成游戏，你会发现你的层次提升得更快。另外，推手时，你不能只想着进攻、取胜，那样你会更容易输。太极拳就是这么奇怪，你不想赢的时候，反而会赢；反之，你越想赢就越容易输。这正合乎道家的舍己从人、无为而为。"

我记得，有一次偶然的机会，我在公园里和人比试。那时我才练了半年的推手，而对方却在我们城市小有名气，很多高手都输给他，而且他180斤，比我重了30斤。刚开始，我很紧张，怕输给他，但我始终记得老师说过：不管遇到什么样的强手，只要你身上始终是放松的、软的，不和他拼力气，不和他硬拼，他就拿你没办法，就算他赢也赢得不痛快。但你一用劲就惨了，因为你还不会用整体劲，他不怕你有力气，你有气力他才能借到你的力。果然，搭上手之后，我便不和他使力气，软软的、柔柔的，他怎么也没办法把我甩出去。尽管他的两条膀子又松又软，像熊膀子似的，好像随时能把人打飞，他也做不到。

跟老师学推手一年半左右，我已是三师兄了，师弟们都和我相差比较远，我便沾沾自喜起来。有一天，老师忽然叫我和一个师弟推手，他练八卦只有半年。开始我还想他不就是菜鸟一个，可是一搭上手了才发现，以前像小孩似的他一下子变成猴子了。他不和我推，边沾手边跑，等我不推了他马上回手打我，我一推他，他又跑了，我倒变得只有挨打的份了。幸亏我经验多，才能稍赢他一点，最后差点推了个平手。

这件事对我触动很大，老师看出了我的心事，便说："推成这样，是因为你太想赢、太轻视对方了。你当时身上的松是一种假松，你的功力因为这个原因何止被削掉一半，虽然师弟的功力和你相差甚远，可是他的战术好呀，他让你没法适应他。将来什么样的对手你都会碰到，都要去适应，战术和兵法不输给人家，推手就不会输到哪里去。所以我说太极拳是游戏，像变戏法似的，但功夫却是要实实在在练出来的，你就慢慢悟吧！"老师继续说："别人得机得势的时候，当退则得退，当退之时你强进，则是消耗，以实碰实，毫无意义。高手和人搭手时，表面看起来一直在退，其实他是在逗弄你，一旦找到机会了，他一下就把你拿下了。退不丢脸，只要身上始终是松着的、空着的，没有消耗就行。他逼你到哪，你就让他到哪，如水中浮木一般，他始终用不上劲，找不到好机会打你。对于他来说，表面上很有面子，其实累得够呛。总之，太极拳就是要示弱，看起来弱，别人才会小看你，你蒙蔽了他，他还不知道，要赢他就容易得多。"

我又问老师："太极拳讲究要等打化打，不等到机会就不能打。可一味地往后退或者停在原地等打，岂不是说太极拳就没有进了？"老师说："当然不是！很多人都算不清这笔账，所以推手上不了层次。其实，你迎上去也可以叫等打，但不是叫你硬顶上去的迎。举一个例子吧，你扔食物给狗的时候，它可以在原地蹦起来接；也可以边跑上来，边等你扔，你一扔它就蹦起来接，这也是等呀，只不过是迎上来等的。"我若有所悟地说："太极拳的进退与常人理解的进退是不同的。"老师说："你能这样理解那就对了！太极拳的进就是退，退也是进，这是'阴不离阳，阳不离阴'的一种表现形式。慢慢去体会吧，里面含义太深太多了。"

周末的时候，我在家里看了一场世界重量级拳王争霸赛。对垒双方年龄悬殊，一个是二十多岁的棒小伙，一个是四十多岁的老拳师。比赛规定要打满十二个回合。刚开始小伙就占尽上风，他靠着超人的体力和灵活的步法，频频得到点数。其实，不论是身高还是块头老拳师都远远超过自己的对手，而且还同世界各大高手都对垒过，在自己的拳击史上一直都有骄人的战绩，只是此时的表现实在让人费解。观众们也一直在感慨，可能岁月不饶人吧，现在的他仿佛是一辆无法启动的坦克，面对对手的挑衅只能忍气吞声。随着时间的推移，观众们已经对这场沉闷的比赛失去了争论的兴趣，一直到第十二回合的前三十秒，都觉得胜负早成定局了。可是，就从下一秒开始，人们惊奇地发现，坦克启动了，他的进攻开始了，前手直拳和后手摆拳配合得天衣无缝，节奏不紧不慢，但是每一下都像炮弹一样，狠狠地砸向对手。打到比赛还剩三十秒时，小伙子已经完全懵了，伴着一记更加沉重的后手摆拳，占尽优势的他竟然轰然倒地。可是小伙子毕竟年轻呀，没等裁判读秒结束，他就又蹦了起来，继续和对手对抗，可是这回更惨，老拳师的进攻更加猛烈了，他集中所有的体力，在最后一秒将小伙子击出了擂台之外。比赛结束之后，我的内心一直无法平静，我觉得老拳师的战术实在太高明了，他用的就是太极的战术，先消耗对方，麻痹对方，等到时机慢慢成熟的时候，就奋力反击，那时他就可以将之前所有积攒的力量在这一瞬间爆发出来。

推手心得之松

讲到太极拳必讲到松，从练太极拳之日起，便开始了松的练习。可以说太极拳的练习，由始至终贯穿的都是一个"松"字，老前辈常说的"松松松，出真功"便是此意。松仿佛就是盖房子用的砖头，离开了砖头房子肯定盖不成。可见，松对于太极拳来说是多么的重要。可是，就是一个"松"字难倒了多少天下英雄。其实生活之中也讲松，行走坐卧、工作学习都讲松，你不松连握个笔都握不好，觉也睡不着，那是因为你精神紧了。平常人说话久了声音会嘶哑，可是播音员不会，因为他们的嗓子是松的；平常人跑 1000 米都累，可是马拉松运动员能跑几十公里，那也是因为他会松。各行各业都讲松，只是对松的要求不同，松的部位不同。而且松的层次有高有低。在师兄弟面前你是松了，可一到师父面前，他用功夫一压你，你就情不自禁地紧了起来，说明你没松透，意识紧了。可见，松的程度是很有讲究的，松的要求也是相当高的。我的老师就常说：松是武术家一生之所求！

面对肌肉发达的、力量型对手时，哪怕是散手，只要你不被他的力量给逼硬了，你就有机会把力量放出去，或是用透劲打伤他。怕就怕你还没真正松透，而对方力量又很大，他一逼你，你就僵硬了，那时你就完了，肯定要输的。许多人初练太极拳时，还没有松到家就去和人比手，一紧张就变成跟人扳力气了，扳力气用的是肌肉力。可你平时练的就是去僵存柔，肌肉力已经逐渐小了，再去扳力气等于是用己所短攻人所长去了，结果肯定会输，所以，松的程度很重要。不管别人如何逼你，抡拳头也好，耍刀子也好，你身上都不硬，才能立于不败之地。只有松透了，身上的劲道才能逐渐上层次。

我问老师："身上的劲道是如何进行更替的？"老师说："换劲的过程是从僵劲到柔劲，然后由柔劲到轻劲，再由轻劲到虚灵劲，虚灵至极则成虚无。内家拳讲'拳无拳，意无意，无意之中见真意'，就是指人的功夫练至虚无至极时，身体在突然受袭时表现出来的一种自然反应——受袭者安然无恙，袭击者却被震飞了。这绝对不是吹的，我们平时仔细观察一下，在许多动物身上就能找到答案。"这一点我深有体会。

后来老师跟我说："人的功夫松到虚无至极的时候，就会出现这种现象。不是招也不是法，就是"啪"的一下，连化带打都是它。如果你和人搭手时，身上把把都是这种劲道，那谁也受不了你。"前辈们之所以说要顺应天性、顺应自然，其实就是要学动物身上天生就有的劲，可是这种劲不是轻易就能练的，关键在于一个"松"字，怎么松呢？那要看各家的练法，学生悟性，下的苦功。总之，松是武术家一生之所求。只有松的程度到了，你的层次才会上来。这还真不是会练几套拳，会讲多少空理论就能解决的，它必须扎扎实实地落在根上，才能练出来的。

推手心得之感觉

每次想到老师教我推手的事情，都觉得很有意思。老师和我推手如老叟戏顽童。不让我摔倒，又让我觉得有点吃力，要使出浑身解数，一般十天半个月我才能适应。刚开始的好多回，我都以为跟老师的功夫差不多了。可是，老师等我一适应就马上换劲，难度立刻就上来了。每次搭手，老师总是赢我那么一点点，就是让我满头大汗又能支持住，只是显得非常狼狈，疲于奔命。

两年了，老师给我加难度不下四五回，我也换劲换了四五回，我的功夫也突飞猛进。但一想到当初大言不惭地和老师说的话就觉得可笑。我说："老师，我现在的目标就是研究怎么把你放倒。"老师听了笑着说："好呀，这样才叫有志气，自古以来赢不了老师的徒弟都不叫好徒弟，你赢了老师，老师更开心。"可是，后来我才知道自己的想法有多么的愚蠢。两年来，我从没把老师放倒过，也根本就没法知道老师的功夫有多深。反正老师就总赢我那么一点，我虽然被撵得很狼狈，但是功夫却日益见长。

我以前看过一个训练马拉松运动员的电影，前面总是有一辆车子，不让你落下又不让你追上，你多快他多快，反正就比你快一点。天长日久，水平就出来了。运动员始终没追上车子，但是他却真的拿到了冠军。后来，还有一件事情让我记忆深刻。有一次，老师腹泻，一晌午拉了五回，他却要推手，我和师弟都在，我150斤，师弟160斤。老师说："我要检验一下我的功力现在如何。"说完便让我们轮流上。两个小时过去了，我们被老师撵得筋疲力尽，平常人只是腹泻就蔫了，可和老师推手竟丝毫感觉不到他的疲态。要知道我们的功力并不差，每天都站桩打拳，见面就推手，一天也不曾懈怠。于是我们很好奇，问老师为什么。老师说："那是因为我松得好，消耗很少，所以才能和你们推手那么久。"原来，松到家的功夫消耗竟能低到这种程度。

老师这种带手的方式让我受益匪浅。每次到外面和人比手，我都想对手进攻的强度和密度会比我的老师厉害多少，事实上，往往连三分之一都不到，平时狼狈不堪的我竟变得潇洒起来，撵着别人，让其筋疲力尽。的确，和老师学推手，心里面总是会有很多奇怪的感觉。有时觉得自己的功夫差不多了，有时又觉得离成功遥遥无期。而我的功夫无论真的长进了多少，老师却总是能赢我一点点。一开始就是这个感觉。现在两年过去了，还是如此。对此，老师只是说："我的功夫不可能一下子退步那么快，你的功夫也不可能一下子进步那么多。反正，你慢慢练吧，至少要满三年你才知道我的功夫到底有多深。"这时，我才知道老师一直都是陪我练功而已，他只是凭着他的功力来磨炼我，一点一点地来带，让我不断进步。

老师给我讲过一个故事。以前一个扔飞镖的高手在他面前炫耀，老师说他的练法很简单，雕虫小技而已。那人不服气，反问老师如何练。老师说："先站一个离靶近一点的距离，练至百发百中之后，你再往后退一大步，又练至百发百中，以此类推，天长日久，功夫自然就出来了。"话一说完，那人诧异地说："你怎么知道的？我还真就是这么练出来的。"老师只是笑而不答。原来，我们的练功原理都是这样的，只是里面的拳理和层次复杂得多、曲折得多。因为太极拳更讲换劲，每到换劲的时候就是要上层次的时候，很多人层次上不来就是因为劲道换不过来。

换不过来劲的原因有很多种，首先是自己老师的层次就不高，一样的劲道只是功力深一点而已。有人可能会以为功力深了还不行吗？当然不行。在同一个层次上，功力越深功夫越强，但层次不同时，功力深也可能吃力不讨好。举个例子吧，好比一个小学毕业的菜农，他只会一个加减法，一辈子下来他的心算速度会比你大学生还快，可是他的数学水平能和懂高等数学的大学生比吗？肯定不行。你要用数学问题难倒他易如反掌。高手比武比的就是"人不知我，我独知人"，我用你没法理解的层次和劲道，我天天练而你一下也没练过，一搭手你肯定输。其次，劲道换不过来的原因就是学生自己的悟性差。我的老师曾经说过，一位高师一辈子想带出一位能完全继承他衣钵的弟子是相当不容易的。这个弟子不容易找，这个人有这样的缺陷，那个人又有那样的不足。就连孙禄堂这种有这么多高徒的大师，也很难找到具有完美资质的弟子。另外，老师教学生也是一种投资，每个学生水平平均化，不如努力教好几个徒弟，这样功夫才能保质保量地世代相传。

老师也曾经在他高兴的时候，演示过一些东西给我看。那时，一搭手便觉得，身上不由自主地紧了起来，大脑瞬间一片空白，整个人像断线的风筝一样飞了出去，落地的一刹那，心里很恐慌，不知道要抓住哪、会不会摔伤，可是每次都没事。但不管怎么样，就是化不了老师的力，就像风和水一样，怎么化都会落到我的身上。老师说："这就是太极拳的内劲，化不掉的，也不是什么招数，就这么一下，但是化和打都是它。"后来我见过老师写的歌诀：练到此处臻化境，突然袭击自服应；耳感不舒一惊恐，发人丈外只一松。老师当时的劲应该就是这个。这已经不是招了，那时仿佛变成了动物的天性和本能，内家拳要仿形取意其实就是这个道理。老师让我摸招时，我就像摸在一个飞快转动的大肉球上一样，圆滚滚的，找不着缺口。想打他时，他又一下就转走了。力量大了，自己还会像被飞驰的车轮刮到一样被带倒，根本听不到劲。所不同的是车轮是主动的，老师是被动的。如果不想给我摸时，我一下也摸不出力来，老师的手始终和我的手轻轻地搭着，一大力他就走了，根本就不受力。因为老师是练太极出身的，脚下太快，步法太巧了，我像摸在灵猫身上一样，完全吃不上力。

太极拳的理念来自道家思想，道家讲究顺应自然、顺应天性。太极拳练到最后就是一种动物身上的天性与劲道。所以，一切以人类的智慧和方法所想象出来的招和法，都没法和自然而然练出来的天性相比，这就是道家为什么要从自然而然中来提炼功夫，这也是"太极拳本身就是修道"的原因所在了。

拳谚言：拳怕少壮！年轻人的心肺功能，供血供氧的功能肯定会比老年人强大很多。可是为什么强不能胜弱，大力胜不了小力？因为老年人的身上太松了，消耗太少了，他们的能量供应得虽然低，可是他用的也只是一点点。年轻人的能量供应虽然又多又快，可是身上不松，结果消耗也更多更快，所以时间一长总是会有消耗完的时候。可见太极拳推手的实战中，比的是兵法战策，比的是谁更会精打细算。

推手心得之四正手

我的老师说，学推手就像学游泳，你先得让自己在水里能自如地漂起来，不至于沉下去，这时才有学会蛙泳、蝶泳的可能。练太极拳也是这样，四正手只是前辈提供的一个范例。可是许多人练了一辈子的四正手，一旦离开了它就不会推手了，而我们则是，先随便来，等自己能将任何一手适应了，能不被人推倒了，才开始研究四正手。从随便推手到规规矩矩的四正手，这样自己的功夫才能上层次。而此时的四正手，完全是一种文劲的推手，手上不允许着一丝的外力，也不许有放人的想法，纯粹就是在这种规矩里面，体会和练习太极拳的文劲，将自己在随便中推手的拙力一点一点地卸掉，真正地进入到推手中太极劲的练习。时间一久，身上的功夫才会更纯更细腻。因为随便中的推手是一种框架，一种基础，而四正手才是真正的精雕细刻的修饰，就像建房子一样，毛坯房建好了，才会开始进行屋内的装修。

许多人的太极拳练不出来，就是因为从一开始就是练四正手，尽管练了一辈子，一旦碰到一个乱来的，他就不会推了。要知道，四正手只是一个推手范例动作，老前辈把它单独提出来做文劲练习，是因为它最有代表性，练好了它就有希望练好其他的动作。但是它不能代替所有的动作，实战中的动作瞬息万变，什么形状的都会出现，如果你只练了一个四正手，面对其他形式就会变得无所适从了。就像练书法一样，可以通过练一个"永"字，来练到文字中的部分笔画，可是如果你只是练一个"永"字，那你一辈子也练不出好书法来。歌唱家也是如此，他只有在经历过许多的磨炼之后，才会将自己的精力放在一首歌，甚至是几句歌词上。同时，这并不会影响他的层次和境界。练太极拳也是这样，在你练推手真正练出一定的功夫之前，你就练四正手，是没有太大意义的，这时的你只是练了一个假手，碰到乱来的、不会推手的你就傻眼了，也制服不了他。但是，在你什么种类的推手都尝试过之后，再来到四正手里面找规矩，那就不同了。此时你的功夫已经出来了，什么手你都见过了，都去适应了，你只要在四正手里面细心雕琢、细心体会就行了。因为你已经从复杂回到了简单，怕就怕，你一直就是一个简单的手，根本就不曾复杂过，那就完了。四正手是让你在里面找规矩，修饰毛病填补漏洞，然后提高层次、提升境界的，它起到的是一个画龙点睛、让自己的功夫日趋完美的作用，但不适合初学者。以前的老前辈如果不想教徒弟，一来就教他练四正手，那这个徒弟一辈子也练不出来。把好手了，文文静静地推还行，可是一撒开手随便干就不行了。只能在四正手里把人放倒的人不算高手，只有随便怎样都能把人放倒的才是真正的高手。

[题外话3]

我的老师说，练四正手一定要有高手来带才行，没有基础的学生组合练，一点用处都没有。因为只有用老师身上的劲道来领你，你才能学到东西，否则，容易推得四棱八角，又笨又拙，那便不是真正的太极劲。自从学了四正手之后，觉得自己的动作自然地就变圆、变细腻了，再回到推手中去，发现原来好多地方都有漏洞，现在的细腻加上原来的经验，再实战时就觉得更得心应手了。

推手心得之柔弱

太极拳之所以强，首先是因为它的柔弱，柔弱到极点才能刚强到极点。可是很多人并没有真正意识到这一点，以为太极拳不是大松大柔的，以为真正松柔了，自己就倒了。于是嘴上说太极拳要松柔，实际上根本就不敢，始终还是保持着一份僵力。他们没有真正意识到，正是因为这个原因，他们的功夫始终都上不了层次。

太极拳本身就是道家功夫，与丹道之学只是形式不同而已。丹道之学，讲的是反转乾坤，扭转气极，身上不着一丝气血之力，散落身外的神意才能和静态下产生的内气融合起来，存在丹田，变成真正的内劲。太极拳的刚是因为它柔到底了，自然而然产生的，柔得越透就越刚。可是很多人，还没做到柔就开始琢磨怎么刚了，自以为是的认为，太极拳本来就是刚柔相济的，是一开始就有刚的，于是天天练发力，天天练刚，越发越僵，越练越练不出来，他们不知道太极拳柔够了才有纯刚。结果，交起手来柔也不如别人柔，刚也不如别人刚，连学了几年散打的人都不敢迎战，迎战就要挨揍。这种例子不在少数。

道家思想讲的柔弱，不是虚弱。虚弱是病态的、衰败的、消亡的，可是柔弱是强大的、发展的、兴旺的、充满生机的，就像初生的婴儿一样，有饱满的元气和旺盛的阳气，为整个生长过程提供了原动力。练习松柔，不但能减少元阳的消耗，而且还能重新提炼出新的元阳来。太极拳功夫厉害之处，就在于此。所以，好太极拳功夫的前提是会很好地养生，两者是有根源上的联系的。很多老前辈学太极拳之前，旧病缠身，一练太极拳身体好了，功夫也出来了，这种例子有很多。

松柔，就像是一个闸门一样，开始学拳的人闸门会小一些，逐渐松得好了，闸门才越开越大，身上的功夫也是越来越强。直到有一天，身上终于松透了，功夫便出现透空，那时身上的劲道无论是虚灵也好，虚无也好，才会有练出来的可能。可是，大多数人都不敢真正相信松柔，于是闸门就关闭了，结果练了一辈子的拳，也只是练了只是比外家拳松一些而已，一个假松，一个僵柔劲而已，发出来的劲，也不会是纯刚的，毕竟有多松，劲道才能发多刚。太极拳比的是层次，而不是功夫，层次上不来，下再大的苦功，也只是初级水平。就像小学生不能毕业一样，下了一辈子的苦功，也只是小学的水平，随便拿一本中学的课本就把他给难倒了。那层次从哪里来？层次从松柔来，只有真正松透了，才能练出高水准的太极拳功夫。

柔弱的东西似乎总是有其独特的优势，牙齿比舌头硬，可是牙齿掉光了，舌头却还在，石头比水硬，可是石头还是要被水滴穿。

推手心得之关卡

古往今来，大家都说太极拳好，可为什么成就者却凤毛麟角。经过两年的太极拳练习，我有了一些浅薄的见解。

太极拳之难，首先难在改变观念。太极拳本身就是一门思想拳、哲学拳。太极之初，就是要你放弃平时的观念，平时喜欢练力量的，到了太极拳这里反而是一个劣势。太极拳不但不让你练力量，还要你把以前练的力量都卸掉，因为卸力量就是弃僵力，僵力弃了，柔劲才能出来。可是很多人因为不够松卡在了这里。不够松的原因是，不会松，不敢松，甚至是不相信松。不会松的原因是没有名师，不敢松的人是嘴上说松，心里面却一直在怀疑松。不够松的结果，就是功夫一直都是上不了层次的，什么时候真正松了，什么时候功夫才能真正开始进步。其实很多人，你说他不松，比起不练松的还是要松一点，可是你说他是松了，那是不对的，充其量只是一个假松。他可能练一辈子也只是一个僵柔劲，几十年的功力也只能赢老百姓而已，一遇到稍微比他柔一点的人，他就赢不了了。

难度之二，是理解太极拳以弱胜强、舍己从人的思想。太极拳是不想赢人的时候，就赢了，它是被动的，柔弱的。正因为是等打的，才要听劲，如果主动了，怎么听？岂不是被别人听到了吗？很多人，一搭手就想赢人，以至于破绽百出。即使是太极拳高手，他都要在合乎太极拳拳理的前提之下，才能赢人。因为太极拳是水，水的个性就是"避高而趋下，随意而成形"，没有落差给水的时候，水就是宁静的，可是一把落差给它，它就变得汹涌澎湃，势不可挡。但是，也有一些人把"等打"悟成了"傻等"，同样也是白费。太极拳就是这么奇怪的拳，不想赢的时候才能真正赢，不许主动，也不许用强，赢人还得被动的赢，赢人还得用小力来赢，很多人又在这里被难倒了。到这里就知道为什么说太极拳是哲学拳，因为哲学是讲辩证的，辩证失败，就停滞不前了。

难度之三，在于换劲。太极拳每到一个换劲的地方，就是一个关卡，换过去了，你的功夫就换层次了，换不过去，那你永远也毕不了业。可是，换劲不是想换就能换的，一定要有老师领你的手才能换过来，否则练再多也是白费。到了这里，找不到名师的人，学拳的希望就变得渺茫了。

难度之四，在于把太极拳活学活用。太极拳功夫练出来之后，你能把它发挥到什么程度，那就得看你个人的悟性了，所谓"师父领进门，修行靠个人"。很多人以为，练太极拳只是求它的功夫和劲道，而忽略了具有太极拳特点的思想和兵法。太极拳功夫到底是什么，只是易筋易髓而已吗？当然不是，完整的太极拳功夫包括了意识、兵法和经验等所有东西。所以又有太极拳是心理拳的说法，所谓"人不知我，我独知人"，越让人琢磨不透，你越有胜算，就像打仗似的，以奇制胜。用兵之道，也是讲究诡诈，兵法也用水来形容，"水无常态，兵无常势"说的就是这个道理。其实太极拳也好，兵法也好，都是来自中华文化的源头——《易经》，另外太极拳和琴棋书画也都有相同的地方。

其他的关卡暂且不说，就这四个就能难倒多少英雄。太极拳为什么要拜师，为什么成就者凤毛麟角也就不言而喻了。我常常觉得练太极拳就像在爬一座充满岔路的山，许多人连入口都找不到，所以一辈子都没有真正开始爬山。有人悟性好一些的，找到入口了，可是走不了多远他就迷路了，结果一辈子又在离入口不远的地方停滞不前。这时，还是要有老师来带，他才有走出迷途的可能。

可是，也并不是每个老师都到过山顶。这倒不可怕，就怕这个老师自以为已经到山顶了，而且在他自以为是山顶的地方建起了宫殿，然后，他对每一个被领上来的人都说你已经登堂入室了。而那些没有辨别能力的人会真的以为自己已经到山顶了。这样的主观认同让这一大帮人失去了到达山顶的可能。更可怕的是，这一大帮子人，还到处去山下接人，说他们知道怎么去到山顶，还把他们自以为是山顶的宫殿展示给大家看，这就严重啦！越来越多的人去了这个假山顶，而真正知道怎么去山顶的人就越来越少。甚至到后来，真正知道怎么去山顶的人被当成假老师。长此以往，真人一旦老去，登山之事便后继无人。这多像太极拳的现状呀！这也是前辈创拳之时万万无法想到的。虽然这样，我们还是要有信心。世界之大，真正明白太极拳的人还是有的，能否遇到，那就要看大家的缘分了。

有人说："碰到悟性极高的人，这些关卡和岔路就都不是问题了吧？"回答是否定的，悟性好也必须有一个好老师。否则，悟性越好，走岔道的可能就越大。因为他悟性好，那他事先作出来的假设就越多，而其中只有一个是对的，那相对而言，他走岔道的概率便会更大。更有甚者，如果他的众多假设当中根本就没有一个是对的呢？

学习太极拳，不用力，不争强，还能开发智力，可是大多数人就是不理解，希望大家由此对太极拳有更全面的认识，进正确的门，登真正的顶。